教育部人文社会科学研究专项任务项目（中国特色社会主义理论体系研究）（16JD710060）   资助

2015 年湖北省社会科学基金项目（2015243）

洪湖东分块蓄洪区经济社会发展政策研究

彭贤则　张燕华　等　著

科学出版社

北京

图书在版编目（CIP）数据

洪湖东分块蓄洪区经济社会发展政策研究 / 彭贤则等著. —北京：科学出版社，2016.12
　ISBN 978-7-03-051402-8

　Ⅰ. ①洪… Ⅱ. ①彭… Ⅲ. ①区域经济发展-经济政策-研究-洪湖市
②社会发展-社会政策-研究-洪湖市 Ⅳ. ①F127.633

中国版本图书馆 CIP 数据核字 (2016) 第 315181 号

责任编辑：杨婵娟　刘巧巧 / 责任校对：杨　赛
责任印制：李　彤 / 封面设计：铭轩堂

科 学 出 版 社 出版
北京东黄城根北街 16 号
邮政编码：100717
http://www.sciencep.com

北京凌奇印刷有限责任公司 印刷
科学出版社发行　各地新华书店经销
*

2016 年 12 月第 一 版　开本：720×1000　1/16
2022 年 2 月第三次印刷　印张：11
字数：205 000

定价：**58.00 元**
（如有印装质量问题，我社负责调换）

《洪湖东分块蓄洪区经济社会发展政策研究》编委会

咨 询 顾 问：王　翔　夏　军　刘德富

课题组成员：彭贤则　张燕华　廖　力　肖子拾　林　林　饶大志
　　　　　　常伦新　陈鸿遵　朱　毅　廖作金　陈　新　张李啦
　　　　　　周子晨　蔡　莉　袁君丽

主要编写人员：彭贤则　张燕华　廖　力　肖子拾　林　林

　　洪湖分蓄洪区位于长江中游，地处湖北省洪湖市、监利县境内，自然面积
2784.84km²，有效蓄洪容积 181 亿 m³，承担城陵矶附近地区 160 亿 m³ 超额洪水
的蓄洪任务，是全国集中控制容积最大的蓄滞洪区，是确保荆江大堤和武汉市防
洪安全的战略储备工程。

　　城陵矶附近地区洪水组成尤为复杂，而河道安全泄量严重不足，是长江防洪
问题最集中的地区，历来有"万里长江，险在荆江"之说。由于该地区分蓄洪工
程建设严重滞后，成为长江防洪体系中的薄弱环节，加之洪湖分蓄洪区面积大、
人口多、分洪应用损失大、决策难度大，长江中下游防洪安全面临严重威胁。据
长江水利委员会专家组分析预测，如遇 1998 年型特大洪水，城陵矶附近地区将会
有约 100 亿 m³ 的超额洪水。为妥善处理这 100 亿 m³ 的超额洪水，《国务院批转
水利部关于加强长江近期防洪建设若干意见的通知》（国发[1999]12 号）决定在
湖北、湖南两省各安排兴建 50 亿 m³ 的分蓄洪区。其中，湖北省决定在洪湖分蓄
洪区划出一块先行建设，即洪湖东分块蓄洪区蓄洪工程。该工程的修建不仅能大
大缓解城陵矶附近地区的防洪紧张局面，而且对洞庭湖的防洪和保护武汉市及荆
江大堤的安全都将起到重要作用。

　　洪湖东分块蓄洪区蓄洪工程位于洪湖分蓄洪区东部，由腰口隔堤、洪湖长江干
堤、洪湖主隔堤及东荆河堤共同围成封闭圈，围堤总长 155km，总面积 883.62km²，
有效容积 61.86 亿 m³，承担 50 亿 m³ 的蓄洪任务。该工程建成后，其工程效益和
社会效益将十分显著。一是增强了长江防洪调度的灵活性，为武汉市和江汉平原
防洪增加了安全保障；二是若 1998 年型特大洪水再现，只需要使用洪湖东分块蓄
洪区蓄洪工程，就会减少大分蓄洪区 2/3 的淹没损失，洪湖东分块蓄洪区以外的
地区不会受到影响；三是安全区建设为洪湖市东部地区实现城镇化、工业化提供
了安全保障，改善了投资环境；四是东荆河堤防整险加固后，提高了防洪标准；
五是新建涵闸泵站及水系恢复工程，完善了当地农田水利基础设施，提高了抗灾
标准；六是安全建设工程改善了区内的交通环境和生产条件。

　　从地理条件看，该区域紧邻长江、东荆河，地势低洼，历来为洪水滞留之地，

是四湖（长湖、三湖、白露湖、洪湖）地区著名的"水袋子"，因水患制约经济社会发展，农户居住分散，城镇功能不足，工业发展缓慢，居民收入偏低，地方财力趋弱，发展速度较相邻区域严重滞后。

为促进人水和谐共同发展，通过洪湖东分块工程建设机遇，推动该区域产业结构调整，促进社会经济发展，让承担洪水风险的人民群众生活得到一定的改善，达到脱贫奔小康的目的，湖北省洪湖分蓄洪区工程管理局（以下简称"湖北省洪工局"）、洪湖市政府联合湖北工业大学，在开展洪湖东分块蓄洪区蓄洪工程建设和经济社会发展现状调查和走访学习国内典型分蓄洪区（蒙洼蓄洪区与泥河洼滞洪区）建设和发展经验的基础上，结合《长江流域蓄滞洪区建设与管理规划报告》《洪湖东分块蓄洪区蓄洪工程可行性研究报告》，以及洪湖市城镇建设、土地利用、产业发展、环境保护等多项地方性专项规划等相关文件要求，经过深入研究论证，编著《洪湖东分块蓄洪区经济社会发展政策研究》，既可以为加快区内人与自然的和谐发展提供理论指导，也可以为分蓄洪区经济生态补偿机制的探索实践提供有益的参考。

编　者

2016 年 6 月

第一章
洪湖东分块蓄洪区建设和发展现状

洪湖东分块蓄洪区是洪湖分蓄洪区的重要组成部分，两者不仅在经济、社会方面存在紧密的关联，而且也是中央科学治理长江水患，努力实现"人水和谐"的具体体现。在新常态下，洪湖东分块蓄洪区建设和发展被赋予了新的使命。

第一节　洪湖分蓄洪区及东分块基本情况

一、洪湖分蓄洪区建设和发展情况

洪湖分蓄洪区位于长江中游，地处湖北省洪湖市、监利县境内，自然面积 2784.84km²，设计蓄洪水位 32.50m，有效蓄洪容积 181 亿 m³，是长江中游城陵矶地区分蓄超额洪水容积最大的一个分蓄洪区。根据《国务院批转水利部关于加强长江近期防洪建设若干意见的通知》（国发[1999]12 号）文件提出的长江防御特大洪水方案，如遇 1954 年型洪水，城陵矶河段控制水位 34.40m，分洪量为 320 亿 m³，由洞庭湖、洪湖各滞洪 160 亿 m³。

（一）自然环境

1. 地理和地貌

洪湖分蓄洪区地处长江流域中游，荆江河段北岸的洪湖市、监利县境内，工程位于长江中游城陵矶至新滩口河段北岸，东南及西向临长江，北滨汉江支流东荆河，围堤总长 334.51km。东西向平均距离 105km，南北向最大宽度 35km，平均宽度 25km，是自西向东由宽变窄的狭长地带。

在历史上，洪湖分蓄洪区属云梦泽东部的长江泛滥平原，地势自西北向东南呈缓倾斜，形成南北高、中间低、广阔而平坦的地貌，海拔为 23～28m。最高点是螺山主峰，海拔为 60.48m；最低点是沙套湖底，海拔只有 17.9m；地面平均高程 25.5m。区内土壤主要为潮土和潮土性水稻土，耕作层深度为 0.5～1.0m，有机

质与全氮量分别在 2.0 和 0.1 标准单位以上，速效磷、钾分别在 5ppm[①]和 100ppm
以上。土壤较肥沃，生产性能很好；但潜育化型与沼泽型水稻土比重大，低产田
面积大，占水稻土的 24.1%。

2. 气候和灾害

洪湖分蓄洪区属亚热带湿润季风气候，其特点是冬夏长，春秋短，夏热冬冷，
四季分明；光照充足，雨量充沛，温和湿润，降水集中于春夏两季，洪涝旱灾害
较多。

1）气候温和湿润

洪湖分蓄洪区年平均气温为 16.6℃左右，气温由东南向西北逐渐递减，常年
最冷月为 1 月，平均气温为 3.8℃，极端最低气温为–13.2℃（1977 年 1 月 30 日）。
常年最热月为 7 月和 8 月，平均气温为 28.9℃，极端最高气温为 39.6℃（1971 年
7 月 21 日）。区内年平均日照为 1980～2032h，平均每天日照为 5.4～5.6h，年日
照百分率为 45%。区内年均降雨日为 135.7d，年降雨量为 1060.5～1331.1mm。降
雨量最多的是 1954 年的 2309.4mm，最少的是 1968 年的 774.4mm。年平均暴雨
日数为 38d，5～6 月为一年中暴雨最多的时段，占全年降水量的 51.4%。多年平
均蒸发值为 767.2mm。

2）洪涝旱灾害多发

洪湖地处长江中下游和四湖流域最下游，三面环水，外有长江、洞庭湖、东
荆河三水交汇，内有百里洪湖顶托，是个"头顶一条江，腰缠一道河，脚踏一盆
湖"的"水袋子"。自北宋太平兴国二年（977 年）至 2012 年，1034 年中出现旱
灾、洪灾、涝灾 217 次，平均每 4.76 年一次。其中，旱灾 22 次，平均每 47 年一
次；洪灾 171 次，平均每 6 年一次；涝灾 24 次，平均每 43 年一次。清代 268 年
间出现洪涝灾 87 次，平均每 3.08 年一次。中华民国 38 年间出现洪涝灾 23 次，
平均每 1.65 年一次。新中国成立后的 60 年间，发生水旱灾 26 余次，平均每 2.3
年一次。20 世纪 50～70 年代，我国围湖垦殖，耕地面积扩大，调蓄面积减少，
水旱灾害的敏感程度升高。

区内具有洪涝同期出现的特征，表现为梅雨洪涝和盛夏洪涝两个时段。梅雨
洪涝发生在 6 月中旬至 7 月中旬，阴雨连绵，大暴雨不时出现，过境客水量大，
出现外洪内涝。盛夏洪涝发生在 7 月中旬至 9 月上旬，这一时段洪灾大于涝灾。
洪湖分蓄洪区由于历史和地域的原因，江堤堤身单薄矮小，沙基地段长，抗洪能
力差，仅在 20 世纪就发生了四次大溃口（分别在 1931 年、1934 年、1954 年、1969

---

①　1ppm=1×10^{-6}。

年），而且还遭遇了 1996 年、1998 年的特大洪水。

2016 年，受超强厄尔尼诺事件影响，洪湖分蓄洪区遭遇 1998 年型特大洪水。截至 7 月底，受灾人口 24 万人，转移人口 17 538 人；受灾农田 79 万亩[①]，绝收农田 26 万亩；受灾水产养殖面积 59.43 万亩，水产品损失 4.4 万 t；干线公路、县乡公路、通村公路塌方和破损 427.3km，农村生产道路水毁 126.9km；大型桥梁损坏 9 座，中型桥梁损坏 53 座，小型桥梁损坏 59 座，中小型涵闸毁损 167 座；中小型排涝泵站损毁 87 座，城乡水厂供水设施损毁 9 座；农田水利斗渠损毁 168km；船舶沉没 63 只，受损 88 只；渔业机械设施损毁 483 台套，电机烧毁 25 台，变压器受损 11 台；24 家工业企业严重受灾，13 家工业企业停产；受灾学校 55 所，形成危房 256 间；倒塌房屋 187 间。累计直接经济损失 38 亿元[②]，给洪湖地区造成了严重的损失。

洪湖分蓄洪区内的旱灾虽然发生频率较低，但一旦发生，灾情危害较大。2011 年，洪湖、四湖总干渠、洪排河几尽干涸，区内洲滩面积增大，洪湖水面比正常年份缩小了 1/3 以上。极端干旱对沉水植物造成较大影响，影响整个洪湖生态。造成人畜饮水困难、农渔业生产减产以至绝收。

3. 河流和湖泊

洪湖分蓄洪区河渠纵横交织，湖泊星罗棋布，水资源较为丰富。东南有长江，北有东荆河，中有四湖总干渠，1973 年开挖洪排河，四水并行排列。新中国成立前，境内有自然小河 40 条，多系长江、汉水的故道、支河。诸河纵横交错，历经演变。有的夏水冬涸，有的河高垸低，有的仅存河流遗址，排灌航运功能明显不利不畅。新中国成立后经 60 多年的治水改造，绝大部分自然河流被人工渠道所代替。

境内湖区为"四湖"（长湖、三湖、白露湖、洪湖）诸水汇归之地，因而成为具有江南地理特征的水网地区，素有"百湖之市""水乡泽国"之称。主要河渠除南沿长江、北依东荆河外，区域内还有内荆河、四湖总干渠、洪排河、南港河、陶洪河、中府河、下新河、蔡家河、老闸河等大小河渠 352 条，总长度达 1664km。主要湖泊有洪湖、沙套湖、施墩河湖等 26 个（表 1-1），总面积达 317.934km²，众多湖泊分布于整个洪湖市境内，起到了调节河川径流、发展灌溉、提供工业和饮用水、繁衍水生生物、沟通航运、带动旅游业发展、养殖、改善区域生态环境等多种功能。

---

① 1 亩≈666.7m²。

② 资料来源于洪湖水利局 2016 年 8 月 19 日的《洪湖大决战——2016 年洪湖防汛抗洪纪实》。

表 1-1　洪湖分蓄洪区主要湖泊统计表（2011 年）

编号	湖名	面积/km²	编号	湖名	面积/km²
1	洪湖	308.00	14	虾子沟湖	0.15
2	沙套湖	3.91	15	姚湖	0.34
3	里湖	1.12	16	还原湖	0.27
4	白沙湖	0.14	17	老湾坛子	0.35
5	泊塘湖	0.12	18	民生湖	0.14
6	吕老湖	0.15	19	彭家边湖	0.076
7	港北垸湖	0.22	20	双桥坛子	0.057
8	后套湖	0.43	21	太马湖	0.091
9	老洲坛子	0.13	22	西套湖	0.29
10	南凹湖	0.15	23	新坛子	0.073
11	硚口坛子	0.08	24	周家沟	0.027
12	四百四	0.22	25	施墩河湖	0.29
13	土地湖	0.84	26	撮箕湖	0.27

（二）水生态文明建设

洪湖分蓄洪区在水经济发展、水土保持、水安全保障、水资源开发等方面积累了较多的经验，形成了独特的模式，于 2014 年被湖北省列入首批全省水生态文明城市建设试点。

1. 水经济发展

洪湖市水资源总量丰沛，年均水资源总量为 12.94 亿 m³。洪湖分蓄洪区享有丰富的水资源，东、南、北三面为长江、东荆河环绕，境内河、湖、渠交织成稠密水网，水域约占全市总面积的 30%。由于水域面积大，水质好，水产品产量高、品质高，洪湖市成功打造了"鱼米之乡"特色品牌。水产养殖面积占全市耕地面积的 68.8%，基本上形成了"四沿一带一园"的水产板块大格局。

（1）"四沿"：沿江（长江）30 万亩无公害"四大家鱼"轮捕轮放大板块、沿湖（洪湖）40 万亩绿色虾蟹套养大板块、沿河（内荆河）30 万亩名特水产养殖大板块，沿堤（洪排堤）80 万口网箱养鳝大板块。

（2）"一带一园"：湖滨百里水生植物经济带和全省唯一的省级洪湖水产品加工示范园。

2. 水土保持

水土保持是洪湖分蓄洪区生态文明建设工作所重点关注的任务之一。根据

2006 年湖北省第四次水土流失遥感调查资料，洪湖市水土流失面积为 151.87km²，占全市国土面积的 6.1%，主要分布在大同湖管理区、新滩镇、大沙镇、燕窝镇、乌林镇、螺山镇等地（水利部水土保持司，2006）。水土流失区内河网密集，居民集中，在村镇及农田的排灌渠周边存在较严重的水土流失，属江汉平原农田防护和人居环境维护轻度流失区，也是水土流失重点治理区。洪湖分蓄洪区按照"保护水源、改善环境、防治灾害、促进发展"的总体要求，结合实际情况，通过植树种草、生态修复、修建小型人工湿地等措施，实行水土保持综合治理，基本控制住了水土流失，有效保护了水土资源，增加了水源涵养能力，改善了生态环境，建设了秀美家园，为当地群众的生活、生产创造出一个良好的环境，促进了地方经济的发展。

3. 水安全保障

洪湖是目前世界上没有被严重污染的淡水湖泊之一，具有十分重要的开发价值。一方面，洪湖分蓄洪区生活污水占排污总量比重大且削减余地大，可以从这一块入手加紧采取相应的工程治理措施削减排污总量。根据"统一规划、合理布局、因地制宜、综合开发、配套建设"的原则，洪湖市大量削减排污总量，保护饮用水水源地水质。自 2006 年全面启动农村饮水安全工程建设至 2013 年 12 月底以来，累计解决农村 65.22 万人的饮水安全问题，农村饮水安全普及率达到 75.76%。另一方面，洪湖市是全国血吸虫重疫区之一，新中国成立后，经过几十年的防治，血防工作成绩显著。钉螺面积，血吸虫病人、晚期血吸虫病人、急性血吸虫病、病牛等数量，人群污染率，耕牛污染率等主要疫情指标明显下降。但是，由于洪湖市水情和自然条件影响，洪湖市水利血防工作具有长期性、艰巨性、复杂性等特点。

4. 水资源开发

洪湖分蓄洪区依托优质的水资源环境，塑造出了以"水"为主题的资源丰富的旅游胜地。分蓄洪区内新滩至螺山长江江段为白鳍豚自然保护区，现已成为洪湖市的一大旅游景点，为武汉和周边县市居民旅游观光提供了好去处。洪湖，中国第七大淡水湖，湖北省第一大湖，于 2008 年列入"国际重要湿地"名录，也是国家级自然保护区。其位于湖北省南部长江与东荆河间的洼地中，湖面高程为25m，面积为 413km²。东西两侧与长江相通，是鱼类繁殖的良好场所。湖区南部黑鱼湾至螺山一带每年冬季雁鸭麇集，水禽资源丰富，已被建设成为著名的生态旅游胜地。此外，洪湖也是土地革命战争时期湘鄂西革命根据地的中心，纪念当地充满传奇革命故事的著名歌曲《洪湖水浪打浪》闻名遐迩，洪湖湘鄂西苏区革命烈士纪念馆为国家重点烈士纪念建筑物保护单位、国家 AAA 级旅游景区，现如今，洪湖已被成功打造为著名红色旅游景区。

（三）历史回顾和经济社会

1. 历史回顾

从古代开始，人们为了繁衍生存，就与洪水展开了顽强的抗争，治水活动不断，并修建了一些水利工程。在清代，沿长江、汉江两岸堤防逐步连成一体。但是长期的封建统治和落后的政治、经济，加之战乱不断，阻碍了社会生产力的发展，人力、物力、财力十分有限，建成的水利工程不能从根本上解决防洪问题，堤防的抗洪标准只有几年一遇，江堤矮小单薄，隐患密布，无法抗御特大洪水的冲击，稍有疏虞，便会发生灭顶之灾，在特大洪水面前，只能束手无策。灾害连年，长江两岸人民经常流离失所，苦不堪言。

据新编《荆江大堤志》统计，荆江大堤历史上的决溢，自东晋太元年间（392～394 年）起，至 1937 年的 1500 多年里，有确切记载者，明代前决溢仅 6 次；明代决溢 30 次，平均 9.2 年一次；清代决溢 55 次，平均 4.9 年一次；民国时期决溢 6 次，平均 6.3 年一次。乾隆五十三年（1788 年），长江发生大洪水，农历六月二十日晚，万城堤溃决 20 余处，荆州城被淹 2 个月，水深丈余，"官舍仓库皆没，兵民淹毙无算，号泣之声，晓夜不辍，登城全活者，露处多日，难苦万状。下乡一带，田庐尽被淹没"。正如当时的湖广总督毕沅在诗中所描写的"饥鼠伏仓争腐粟，乱鱼吹浪逐浮尸"。清朝乾隆皇帝，于七月连发诏书 13 件，并派大学士阿桂和德成赴荆州调查处理，在前后长达一年半的查处过程中，乾隆为此事共发诏书 24 件，御批处分了上至总督、下至县丞的大小官员及地方豪绅 20 余人。

1931 年长江特大洪水，中下游堤防俱溃，造成沿江平原一片汪洋，荆北平原淹没耕地 500 多万亩，受灾民众 300 多万人，淹死 2 万多人。南岸松滋、公安、石首和洞庭湖区俱罹水灾，武汉三镇的汉口淹没近 3 个月，繁华的中山大道甚至可以行船。《中华民国二十年水灾区域之经济调查》记载："灾民或露宿，或栖息划船，或逃亡荆沙乞食，流离失所，厥状颇惨。"

纵观从古代到民国时期 2000 多年的水利发展与洪涝灾害，可以看出，尽管历代有识之士和广大劳动人民为求生存、谋发展，在水利事业上付出了艰辛的劳动，但是依旧改变不了"十年九淹，三年两旱"的事实，绝大多数人民群众仍然不能左右自己的命运，"荆州不怕干戈动，只怕南柯一梦中"就是历史的真实写照。

新中国成立后，中央为治理长江水患，于 1952 年动工兴建了荆江分蓄洪区工程，但经过 1954 年的防洪实践证明，荆江分洪工程运用后，城陵矶附近还有

320 亿 m³ 的超额洪水。为解决这个问题，1971 年 11 月，中央召开长江中下游（防洪）规划座谈会，提出按对等原则，在湖南、湖北两省各建设能分蓄 160 亿 m³ 的滞蓄洪区。为此，湖南省确定由 24 个民垸形成分蓄洪区，而湖北省经专家组科学论证和慎重决策，决定充分利用洪湖地势低洼、水网密布、湖泊众多的特殊地理条件，在素有"水袋子"之称的自然泛洪区——洪湖修建分蓄洪区。这既能蓄纳 160 亿 m³ 的超额洪水，又能最大限度地减少蓄洪区因人口转移和淹没带来的损失。1973 年 2 月，水电部正式以（73）水电计字第 33 号文审批下达了《关于洪湖隔堤第一期工程初步设计审查意见》，同意兴建洪湖隔堤工程，建立洪湖分蓄洪区，以控制沙市水位不超过 45m，城陵矶水位不超过 34.4m，汉口水位不超过 29.73m，确保荆江大堤与武汉市的防洪安全。

三峡工程开始建设后，对长江中下游防洪规划产生了一定的影响。此时，长江流域如遇 1998 年型特大洪水，在三峡工程不能补偿调度的情况下，城陵矶附近仍有约 100 亿 m³ 的超额洪水。为灵活处理这 100 亿 m³ 的超额洪水，1999 年，《国务院批转水利部关于加强长江近期防洪建设若干意见的通知》（国发[1999]12 号）提出，尽快在城陵矶附近集中力量建设蓄滞洪水约 100 亿 m³ 的蓄滞洪区。"经研究，根据湖南、湖北两省对等原则，各安排约 50 亿 m³ 的蓄滞洪区，洞庭湖区选择钱粮湖、共双茶垸、大通湖东垸等分洪垸，洪湖分洪划出一块先行建设。"2009 年 11 月，国家发展与改革委员会以发改农经[2009]2794 号文对《湖北省洪湖分蓄洪区东分块蓄洪工程项目建议书》进行了立项批复，确定先行建设洪湖东分块蓄洪区蓄洪工程（以下简称"蓄洪工程"）。

2. 经济社会

洪湖分蓄洪区内辖洪湖市、监利县两市县的 23 个乡镇、2 个城区办事处、3 个农场管理区、671 个行政村。区内土质肥沃，气候温和，水资源丰富，具有发展农、林、牧、渔的优越条件。据 2015 年统计，区内居住 328 439 户，总人口 1 298 730 人（不含暂住人口）；耕地面积 1 514 070 亩，粮食总产量 105.5241 万 t，棉花总产量 0.898 万 t，油料总产量 11.3911 万 t；水产养殖面积 74 862.84hm²，水产品总产量 53.2887 万 t；工农业生产总值 355.4804 亿元（其中工业总产值 244.0309 亿元、农业总产值 111.4495 亿元），固定资产总值 1196.2063 亿元，社会财产总值 2031.3498 亿元。

洪湖分蓄洪区内辖洪湖市内 10 个镇（螺山、乌林、龙口、燕窝、新滩、黄家口、汊河、沙口、瞿家湾、万全）、1 个乡（老湾）、2 个城区办事处（新堤、滨湖）、3 个农场管理区（大同、大沙、小港），共有 313 个行政村。据 2015 年统计，区内居住 197 096 户，总人口 664 931 人（不含暂住人口）；耕地面积 643 571

亩，粮食总产量 48.9654 万 t，棉花总产量 0.3851 万 t，油料总产量 5.8766 万 t；水产养殖面积 50 020.27hm²，水产品总产量 35.12 万 t；工农业生产总值 269.7198 亿元（其中工业总产值 188.373 亿元、农业总产值 81.3468 亿元），固定资产总值 1018.2843 亿元（其中国有资产 703.1563 亿元、私有资产 315.128 亿元），社会财产总值 1853.4278 亿元。

洪湖分蓄洪区内辖监利县内 12 个镇（白螺镇、尺八镇、朱河镇、汴河镇、上车湾镇、福田寺镇、柘木乡、三洲镇、桥市镇、棋盘乡，以及毛市镇、容城镇的部分村），358 个行政村。据 2015 年统计，区内居住 131 343 户，总人口 633 799 人（不含暂住人口）；耕地面积 870 499 亩（水旱 2∶1），粮食总产量 56.5587 万 t，棉花总产量 0.5129 万 t，油料总产量 5.5145 万 t；水产养殖面积 23 841.57hm²，水产品产量 18.1687 万 t；工农业生产总值 85.7606 亿元（其中工业总产值 55.6579 亿元、农业总产值 30.1027 亿元），固定资产总值 177.922 亿元，社会财产总值 177.9220 亿元。

洪湖分蓄洪区的城乡收入在荆州市乃至湖北省偏低。例如，洪湖分蓄洪区公务员与外市、县同级别的比较，每月一般要低 500～600 元，与荆州、武汉的差距更为明显。另外，居民收入也处于较低水平。据抽样统计调查，当地人均年收入 2 万元以上的家庭只占 17%，远低于周边市、县；同时，洪湖分蓄洪区的基础设施尚不完善，尤其是交通方面。

二、洪湖东分块蓄洪区概况

由于长江汛期洪水峰高量大，地区组成复杂，而河道的安全泄量不足。根据专家分析，如果遇到 1954 年型洪水，城陵矶附近区仍有超额洪水 218 亿～280 亿 m³，如遇 1998 年型特大洪水，城陵矶附近地区有约 100 亿 m³ 的超额洪水。为了妥善处理这些超额洪水，1999 年《国务院批转水利部关于加强长江近期防洪建设若干意见的通知》（国发[1999]12 号）决定，在湖北、湖南两省各安排 50 亿 m³ 的蓄滞洪区（湖北省在洪湖分蓄洪区划出一块区域先行建设）以缓解城陵矶附近地区的防洪紧张局势，确保武汉市、荆江大堤的防洪安全。

根据洪湖分蓄洪区的地理位置条件，拟定了三个分块方案，即东分块、中分块和西分块方案，其中洪湖东分块蓄洪区位于洪湖分蓄洪区的东部，由腰口隔堤、洪湖长江干堤、东荆河堤、洪湖主隔堤一起形成封闭圈，围堤总长 155km，蓄洪区面积 883.62km²，设计蓄洪水位 32.50m（冻结基面），有效蓄洪容积 61.86 亿 m³。该工程分为两大建设项目，即"蓄洪工程"、洪湖东分块蓄洪区安全建设工程（以下简称"安全建设工程"），估算总投资约 100 亿元。该项目对提高长江中下游地区防洪能力和防洪调度灵活性、保障流域防洪安全、促进保护区经济社会发展都有十分重要的作用。

　　洪湖东分块蓄洪区是洪湖分蓄洪区中的重要组成部分，与洪湖分蓄洪区其他地区比较，其经济增长更为缓慢，发展速度更为滞后，地区生产总值远远落后于洪湖分蓄洪区其他地区。洪湖东分块蓄洪区自然面积占整个洪湖分蓄洪区的1/3，人口只占整个洪湖分蓄洪区的 1/4，而工农业总产值（含固定资产总值）分别只占整个洪湖分蓄洪的1/5。

第二节　洪湖分蓄洪区及东分块工程战略地位

　　鉴于蓄洪功能特殊性，从区域生态系统和区域防洪系统"三维视角"，综合分析洪湖分蓄洪区的突出地位及作用。

一、洪湖分蓄洪区的突出地位和作用

（一）洪湖分蓄洪区的生态地位和作用

　　从长江中游防洪所面临的新形势、水土资源的合理利用，以及可持续发展等区域生态系统来看，洪湖建立分蓄洪区的主要生态作用表现为以下几点。

　　1. 顺应江、湖演化的自然规律

　　从长江中游江、湖的自然演化规律来看，近2000年来江与湖的主体关系曾经历了由长江与江汉湖群到长江与洞庭湖的转换，这种转换对人类活动起了非常大的作用。从目前江汉湖群与洞庭湖的防洪形势看，严峻性主要来自长江上游洪水与洞庭湖洪水在城陵矶地区的叠加，以及洞庭湖因淤积而导致调蓄能力的降低。这一局面的形成又恰是江、湖关系转化带来的。要扭转这一严峻的防洪局面，必须顺应自然规律，即变长江与洞庭湖关系为长江与江汉湖群关系，变长江向洞庭湖分流、分沙为长江向江汉湖群分流、分沙。从环境地质条件来看，洪湖分蓄洪区是长江中游最佳的纳洪、纳沙场所。

　　2. 适应环境地质基础

　　洪湖分蓄洪区属长江中游构造强烈沉降区，第四纪以来处于持续构造沉降，第四纪沉积物厚度大，现代构造沉降速率达 7～9mm；地面高程低，历史上长期作为长江纳水、纳沙的场所。近代以来，随着江堤的兴建和完善，洪湖地区逐渐与长江分离，1958年新滩口的堵塞，使长江和洪湖完全隔离。洪湖处在强烈构造沉降下，由于失去长江的水、沙补给，其面积不断缩小，相对高程降低，洪湖的水质越来越差。目前，洪湖分蓄洪区自然面积为 2784.8km²，除邻近大堤处的地面高程可达 25m 外，90%的地面海拔为 21～24m，是江汉平原与洞庭湖盆地地势最低的地区，其附近江段也成了长江中游最危险的区段。加强洪湖分蓄洪区建设，可以加大长江的分水、分沙量，在取得防洪效益的同时，还可不断淤高地面，有效地改变洪湖地区目前的环境地质现状。

3. 提升水土资源利用效率

洪湖分蓄洪区的大部分面积曾经是湖区，目前除了洪湖外，还有众多的中小湖泊。区内的许多耕地因堤防修建和围湖造田而形成，由于地势低，农业渍害现象十分严重，是江汉平原冷浸田最严重的地区。分洪泥沙淤积可使渍害有所减轻。同时，对新的洪湖分蓄洪区应改变以往的"蓄洪垦殖"的做法，倡导"蓄洪养殖"，大力发展水产养殖业，促进湿地经济发展，形成江汉平原经济开发的新增长点。洪湖分蓄洪区的使用，在分流、引洪和分蓄洪有保证的条件下，可取消大垸行洪区，即将地势高出荆北地面 3～5m 的大垸开辟为高丰农业区，从而在保证水安全的前提下，实现水土资源的合理利用，以达到可持续发展。

（二）洪湖分蓄洪区的防洪地位和作用

洪湖分蓄洪区是全国集中控制容量最大的分蓄洪工程，是长江中下游防洪整体规划的重要组成部分，为城陵矶附近地区分蓄超额洪水，为三峡大坝泄洪提供条件，是保障荆江大堤和武汉市防洪安全的一项重要工程措施。1998年长江特大洪水后，《国务院批转水利部关于加强长江近期防洪建设若干意见的通知》明确要求，为缓解城陵矶附近防洪形势的严峻局面，尽快在城陵矶附近集中力量先期建设可分蓄长江超额洪量 100 亿 m³ 的蓄滞洪区。

分蓄洪区的作用平时不显现出来，然而在发生特大洪水时，以及三峡大坝所在地发生地震或者战争时期，就会发挥不可或缺的重要作用。近年来，据气象水文预测分析，厄尔尼诺现象已经成为常态，未来可能会频繁导致洪灾、涝灾、旱灾等自然灾害发生，防汛抗旱形势不容乐观，抗旱保供水任务艰巨繁重，对做好防汛抗旱减灾工作提出了严峻的挑战。

洪湖分蓄洪区就是为解决这种特定类型洪水建立的战略储备工程，具备三峡水利枢纽工程和长江干堤所不可替代的防洪功能。洪湖分蓄洪区的建设和使用在三峡大坝建设前后都是不可缺少的，更是湖北省防汛抗灾和水利工程建设的主战场，是保障洞庭湖平原、江汉平原、武汉市防洪安全的一项重要工程措施(表1-2)。

表 1-2　2014 年武汉与洪湖经济社会发展基础对照表

指标	武汉	洪湖	武汉、洪湖对比（倍数）	减少损失百分比/%
面积/km²	8 494.00	2 519.00	3.40	77.13
人口/万人	1 033.80	93.46	11.06	91.71
地区生产总值/亿元	10 069.48	182.42	55.20	98.22
固定资产投资/亿元	7 002.85	139.52	50.19	98.05
财政税收/亿元	1 101.02	8.94	123.16	99.19
第一产业产值/亿元	350.06	56.94	6.15	86.01
第二产业产值/亿元	4 785.66	63.79	75.02	98.68
工业总产值/亿元	3 942.75	222.78	17.70	94.65
第三产业产值/亿元	4 933.76	61.69	79.98	98.77

资料来源：《湖北统计年鉴 2015》

注：减少损失百分比为武汉各指标数额占武汉和洪湖指标数额的总和比重

1. 三峡工程建成前洪湖分蓄洪区承担双重蓄洪任务

根据长江中下游整体防洪规划，一是长江中下游以 1954 年型洪水为总体防洪目标，如遇 1954 年型洪水，要求洪湖分蓄洪区与洞庭湖分蓄洪区配合运用，共同承担城陵矶附近地区蓄洪 320 亿 m³ 的任务，其中，洪湖分蓄洪区蓄纳 160 亿 m³ 超额洪水。二是当荆江出现超过 1954 年型的更大洪水时，要求洪湖分蓄洪区承担荆江分蓄洪区蓄洪以后所不能容纳的超额洪水，洪水由荆江分蓄洪区无量庵段吐入长江，经人民大垸转泄洪湖分蓄洪区，形成荆江分蓄洪区、人民大垸与洪湖分蓄洪区联合运用的分蓄洪工程系统，控制沙市、城陵矶和武汉市的洪水位不超过设计防御水位，以确保荆江大堤和武汉市的防洪安全。

2. 三峡工程运行后洪湖分蓄洪区防洪的重要性上升

三峡工程运行后，与洞庭湖相连接的湘、资、沅、澧四水来洪对长江中游洪灾影响的比例加大。位于洞庭湖出口的洪湖分蓄洪区的重要性自然也就增大；其次，在三峡工程运行很长一段时间（30～50a）后，洪湖江段才会出现冲刷，且冲刷量很小。而在前期阶段由于荆江河段冲刷，洪湖段河道还会发生较强的泥沙淤积，防洪形势会更加严峻；另外，洪湖分蓄洪区工程的防洪功能为三峡大坝泄洪提供条件。因此，三峡工程运行后洪湖分蓄洪区对长江中游防洪会更加重要。

20 世纪以来的长江中游的大洪水明确告诫我们，监利—洪湖江段是长江中游最关键的防洪江段，表现在以下几个方面。

（1）流量明显增大，洪水位不断攀升，同流量高水位愈显严重。1998 年，枝城流量较 1954 年少了 3900m³/s，但是监利流量却多了 9800m³/s；1998 年，宜昌、汉口流量均较 1954 年少，但该段洪水位较 1954 年明显抬高，其中，监利抬高了 1.74m，莲花塘抬高了 1.85m，螺山抬高了 1.78m，是长江中游洪水位高出 1954 年最多的江段。特别是螺山段，同流量高水位愈来愈加明显，1954 年螺山站流量为 78 800m³/s 时，相应水位为 33.17m；1996 年螺山站流量为 68 800m³/s 时，相应水位为 34.17m；1998 年螺山站流量为 68 600m³/s 时，相应水位则为 34.95m。受河流冲淤规律的影响，同流量水位抬高的现象在三峡水库运行的一段时间内，还将继续存在。

（2）历史上，监利—洪湖江段洪水灾害频繁而严重。监利—洪湖江段洪水灾害平均每 10 年一次。20 世纪的 1931 年、1935 年、1949 年、1954 年均发生过严重洪水灾害，每次洪灾损失十分严重，仅 1931～1961 年就溃口 11 处。1931 年溃口 6 处；1935 年五型码头 120m 堤段溃决；1954 年路途弯、莫家河、新丰闸溃口；1969 年田家口堤段溃口达 620m；1996 年、1998 年发生特大洪水，广大军民奋力抢险，虽没造成重大溃口损失，但消耗了大量人力、物力。监利—洪湖干堤是长江中游的重点险工险段，1998 年长江特大洪水期间共出现险情 1163 处，重大险情占湖北省总险情的一半以上。

（3）区段位置显要。监利—洪湖江段上衔荆江，下接武汉，面对洞庭湖出口，荆江大堤是长江中游首要确保的大堤，武汉是长江中游第一确保的大城市。如果说荆江分蓄洪区就是为保荆江大堤而设的，那么目前最危险的江段是监利和洪湖大堤。从 1998 年长江特大洪水期间情况看，荆江大堤（长 182km）范围内发生管涌 7 处，洪湖、监利长江干堤（长 230km）发生管涌 32 处；洪湖、监利干堤的许多堤段靠子堤挡水，最大挡水深度为 1.78m，而荆江大堤则相对安全得多。从 1998 年簰洲湾溃口看，洪湖分蓄洪区对保障武汉市的安全是十分有效的。面积为 150km² 的合镇垸于 1998 年 8 月 1 日溃口，蓄洪约 5.0×10⁸m³，使武汉洪水水位最大下降 29cm，溃口期平均降低了 13cm。据初步测算，如遇 1998 年型特大洪水，洪湖分蓄洪区可分洪 1.0×10⁸m³，可降低沙市洪水位 10cm 以上，在一定程度上降低了武汉的洪水水位。

二、"蓄洪工程"建设的背景及必要性

自 1998 年长江特大洪水后，根据《国务院批转水利部关于加强长江近期防洪建设若干意见的通知》（国发[1999]12 号）精神，湖北省选定在洪湖分蓄洪区东部建设"蓄洪工程"。洪湖东分块蓄洪区内总面积为 883.62km²，围堤总长 155km，有效蓄洪容积 61.82 亿 m³。工程项目主要包括"蓄洪工程"和"安全建设工程"。

该项目实施后，将大大缓解城陵矶附近地区防洪紧张局势，不仅对洞庭湖的防洪和保护武汉市及荆江大堤的安全起到重要作用；而且通过分区蓄水，可提高处理不同类型、不同标准洪水的能力，增强长江防洪调度的灵活性，以最小损失换取最大防洪保安效益，促进洪湖分蓄洪区经济社会持续稳健发展。

（一）"蓄洪工程"建设的背景

依据《长江流域综合利用规划简要报告》（1990 年修订），长江中下游总体的防洪标准为 1954 年的实际水位。为防御 1954 年型洪水，在长江干流堤防按 1980 年长江中下游防洪座谈会的要求进行加高加固达标后，长江中下游还需安排约 500 亿 m³ 的分蓄洪区，为此，长江中下游共规划安排 40 个分蓄洪区。其中，城陵矶附近共有 25 个分蓄洪区，包括湖南省的洞庭湖区钱粮湖、共双茶垸、大通湖东垸等共计 24 个蓄洪垸（蓄洪总面积 2941.04km²，总容积 163.82 亿 m³）；湖北省 1 个分蓄洪区，即洪湖分蓄洪区（蓄洪总面积 2784.84km²，总容积 203.8 亿 m³）。

三峡工程运行后，长江中下游河道安全泄量与长江洪水峰高量大的矛盾仍然存在，如遇 1954 年型洪水，中下游干流仍将维持较高水位，还有大量的超额洪量需要妥善安排，其中洪湖东分块蓄洪区就是如遇 1954 年型洪水需要首先运用的蓄滞洪区之一。初步研究成果表明，至 2020 年或 2030 年左右，溪洛渡、向家坝和干支流其他水利枢纽陆续建成后，虽然城陵矶附近超额洪量进一步减少，防洪形势将有进一步好转，但如遇 1954 年型洪水，超额洪量仍有 100 亿 m³ 以上。因此，在城陵矶附近，湖南、湖北两省各建设 50 亿 m³ 的蓄滞洪区仍是必要的。根据湖南、湖北两省对等的原则，各安排约 50 亿 m³ 的蓄滞洪区，洞庭湖选择钱粮湖、共双茶垸、大通湖东垸等分洪垸，洪湖蓄滞洪区划出一块先行建设。

（二）"蓄洪工程"建设的必要性

"蓄洪工程"是洪湖分蓄洪区工程建设的延续，是在现有洪湖分蓄洪区中划出一块优先建设（其自然面积、人口、工农业总产值分别只占整个洪湖分蓄洪区的 1/3、1/4、1/5），是将洪湖分蓄洪区蓄洪面积减小、受灾人口减少、分洪损失减少的一项防洪工程，是保卫武汉市和江汉平原安全的一项战略储备工程。"蓄洪工程"对提高长江中下游地区防洪能力和防洪调度的灵活性，保障流域防洪安全，促进当地经济社会发展都具有十分重要的作用。

1. "蓄洪工程"是洪水管理思想的创新

在"蓄洪工程"发挥防洪效益的情况下，如遇 1954 年型洪水，长江中下游仍有 336 亿 m^3 的超额洪量，其中，城陵矶附近区域有 218 亿 m^3 超额洪量，洪湖分蓄洪区需承担 109 亿 m^3 超额洪量。由于洪湖分蓄洪区的蓄洪容积为 181 亿 m^3，若蓄洪，尚有 72 亿 m^3 蓄洪容积的区域可不被淹没，如果划出其中一块实施建设，既可以减少分洪损失，也可使不分洪的区域经济得到发展。根据长江水利委员会分析研究表明，溪洛渡和向家坝等上游干支流水库建成后，需配合"蓄洪工程"联合运用，如遇 1954 年型洪水，长江中下游地区超额洪量将降至约 270 亿 m^3；乌东德、白鹤滩、观音岩、鲁地拉、龙开口、金安桥、两河口、锦屏一级、双江口、亭子口等干支流水库建成后，配合"蓄洪工程"联合调度运用，长江中下游地区超额洪量将降至约 200 亿 m^3。由此可以看出，防御 1954 年型洪水所需蓄洪区的容积将进一步缩小，在洪湖分蓄洪区中建设"蓄洪工程"，可使近 1900km^2 的区域得到更好的发展，这也正是洪水管理思想的创新模式。

2. "蓄洪工程"是以"人水和谐"的现代治水理念的集中体现

洪湖分蓄洪区能否及时运用、实现按计划分蓄洪水，"安全建设工程"起着十分重要的作用。分蓄洪区虽然进行了一些安全方面的设施建设，但是现有安全设施与分洪运用的要求还有相当大的距离，与分蓄洪区在长江防洪体系中所处的重要地位不相适应。安全建设步伐缓慢、安全设施建设不足、转移道路和桥梁不配套、人口转移难度较大等诸多问题，极大地影响着分蓄洪区的运用决策，不仅无法保证分蓄洪区的有效运用和正常发挥作用，而且也不利于分蓄洪区内群众生活的改善和经济社会的可持续发展。

洪湖东分块蓄洪区工程除"蓄洪工程"以外，"安全建设工程"也是其组成部分，集中体现了坚持"以人为本，人水和谐"的现代治水理念，有利于实现"分洪时保安全，不分洪时促发展"的目标，有利于平战结合，妥善解决分蓄洪水与经济社会发展的矛盾，最大限度地发挥工程的社会效益和经济效益。为提高分蓄洪区内群众生活水平，实现分蓄洪区内经济社会可持续发展，全面建成小康社会，共享国家经济发展成果，加快"安全建设工程"是十分必要和迫切的。

3. "蓄洪工程"是推进区域经济社会发展的必要保障

区域战略是促进区域经济社会发展的政策手段，洪湖东分块蓄洪区工程所在地区隶属于"湖北之腰"的荆州市，是实施全省"两圈两带"（两圈，即武汉城市圈、鄂西生态文化旅游圈；两带，即湖北长江经济带与汉江生态经济带）区域战略，推进中部地区战略崛起，进而推进我国区域经济社会发展的必要保障。

湖北省现今防洪薄弱环节突出，长江、汉江防洪保护圈没有完全形成，中小河流防洪标准低，湖泊堤防基础差，分蓄洪区建设和山洪灾害防治滞后，水库涵闸泵站病险多，再加之降雨时空分布不均，水土流失严重，洪涝灾害依然是湖北省的心腹大患，影响着湖北省农业稳定发展和粮食安全，是制约湖北省经济社会可持续发展的重要因素。为提高防洪减灾能力，《湖北长江经济带开放开发总体规划（2009—2020年）》明确提出：加强水利基础设施，以荆江大堤综合整治工程为重点，推进堤防建设，对荆江大堤的堤身、堤基、防浪墙等存在安全隐患的堤段进行整治险情；继续加快推进荆南四河堤防，以及汉北河、府环河、沮漳河等中小河流堤防建设；加快洪湖、荆江等分蓄洪区工程的达标建设；重点推进"蓄洪工程"和荆江地区蓄滞洪区躲水楼、转移设施设备的建设；继续完善国家重点防洪城市武汉、黄石、荆州和省内重点防洪城市的防洪安全体系建设，积极实施重点县城防洪工程。

第三节　洪湖东分块蓄洪区建设和发展的新要求

在新常态趋势的影响下，为进一步促进洪湖东分块蓄洪区的经济社会发展，有序、有效地推进工程建设，必须站在新的历史起点上，用新的视角和思维进行审视和筹划。

一、新常态下主体功能区建设的要求

主体功能区建设是我国区域经济发展战略和生态文明战略的重要战略之一，也是可持续发展理念的空间表现，可持续发展强调的是人与自然、社会和谐的关系。对于分蓄洪区而言，首先解决的就是如何实现"分洪时保安全，不分洪时促发展"的目标。目前，洪湖分蓄洪区主要存在两大问题：一方面，交通落后，洪湖分蓄洪区经济发展滞后，基础设施极不完善，特别是交通方面，百姓反响很大；另一方面，洪湖分蓄洪区是国家的限制发展区、粮食主产地，也就导致财政收入上不去。洪湖东分块蓄洪区作为洪湖分蓄洪区的重要组成部分，工程建设和经济社会发展相互制约的问题尤为突出，因此，加快洪湖东分块蓄洪区工程建设，以确保分蓄洪功能正常运用，将损失降低到最低程度，已经迫在眉睫。

在新的形势、新的历史条件下，既需要考虑分蓄洪区功能运用的需求，又需要考虑洪湖东分块蓄洪区内未来发展需求，使境内经济、社会、资源和环境协调发展，确保实现洪湖东分块蓄洪区经济可持续发展。为此，按照主体功能区建设理念，洪湖东分块蓄洪区的建设和发展需要充分考虑自然条件适宜性开发、区分

主体功能、资源环境承载能力开发、控制开发强度、调整空间结构、提供生态产品等新要求，并遵循"以人为本"的原则，为群众创造一个既安全舒适又便于生产发展的居住环境。

二、新常态下全面深化改革推进的要求

自党的十八大以来，水利改革发展乘势而上，治水、兴水取得显著成效。在各地各有关部门的大力支持下，各级水利部门认真贯彻落实中央决策部署，进一步完善水资源管理体制，国务院出台了关于实行最严格水资源管理制度的意见，国务院办公厅印发了《国家农业节水纲要（2012—2020 年）》，水利部联合有关部门出台了《中央财政统筹从土地出让收益中计提的农田水利建设资金使用管理办法》（财农[2013]14 号）、《关于进一步做好水利改革发展金融服务的意见》（银发〔2012〕51 号）、《关于进一步健全完善基层水利服务体系的指导意见》（水农[2012]254 号）等配套政策文件，各地结合实际制定出台了一系列政策措施，最严格的水资源管理制度和水利现代化等试点进入全面实施阶段，水利呈现又好又快发展的良好势头。2012 年，全国水利建设投资首次突破 4000 亿元（其中中央水利建设投资 1623 亿元、地方水利建设投资 2680 亿元），同比分别增长 42.2%和 16%。2016 年水利建设投资将较 2012 年翻一番。

此外，党的十八届三中全会对财政改革也明确提出，必须完善立法。明确事权、改革税制、稳定税制、透明预算、提高效率、建立现代财政制度，发挥中央、地方两方面积极性，改进预算管理制度，建立事权和支出责任相适应的制度。执行公平有效的财政体制改革，可以推进洪湖分蓄洪区全体成员共同生存、共同发展和共同分享，避免贫富分化导致的社会矛盾激化。在此期间，以公共财政为主的多元化水利投入机制的逐步形成，水利部预算项目储备、预算执行考核、预算执行动态监控三项机制全面建立，以及水利审计力度不断加大、免疫系统覆盖面进一步拓宽等，无疑对洪湖东分块蓄洪区的建设和发展产生了深远的影响。

三、新常态下全面建成小康社会的要求

2016 年是"十三五"的开局之年，是"精准扶贫"取得阶段成果的一年，也是到 2020 年实现全面建成小康社会的第一个百年奋斗目标的关键一年。自 1972 年洪湖分蓄洪区工程建设以来，区内人民群众"舍小家，保大家"，为整个经济社会发展和稳定做出了巨大的牺牲和奉献，受分蓄洪区工程建设和随时准备分洪

运用等因素制约，分蓄洪区经济社会发展的后发优势难以充分发挥，经济增速长期落后于分蓄洪区外的其他地区，处于不是贫困地区却难于贫困地区的尴尬境地，而洪湖东分块蓄洪区的经济社会发展更是如此。要实现洪湖分蓄洪区内人民全面实现小康生活，需努力同步推进洪湖分蓄洪区尤其是洪湖东分块蓄洪区内人民脱贫致富与加快洪湖东分块蓄洪区工程建设双重任务，践行创新发展、协调发展、绿色发展、开放发展、共享发展等五大发展理念，探索洪湖东分块蓄洪区工程建设与农业现代化、城镇化、工业化、信息化和绿色化同步发展的创新模式。

第二章
分蓄洪区建设和发展相关理论研究

分蓄洪区建设和发展具有一定的特殊性和复杂性，从外部性理论来看，可将分蓄洪区视为一种公共物品。分蓄洪区建设存在两种截然相反的影响：一方面对于区内存在"负"外部性，需要在资源环境约束下的增长理论的基础上探索发展路径，即为工程与"五化"同步推进政策制定的理论依据；另一方面对于区外存在"正"外部性，需要在外溢性区域公共服务理论基础上探索保障工程建设顺利完成的有效措施，即为工程与"五化"同步扶持政策制定的理论依据。

第一节　分蓄洪区建设和发展的内涵

分蓄洪区建设和发展是指在确保分蓄洪区防洪功能正常运行的同时，区内的经济社会能够有序、健康的发展。为此，本书将在概念上将"建设"和"发展"进行适当的界定：建设的内容主要涉及分蓄洪区工程建设和分蓄洪区正常运用方面的问题；发展的内容主要涉及经济、社会方面的问题。

一、分蓄洪区建设和发展的特殊性：人水争地

分蓄洪区是在特定的历史和技术条件下人类与自然界相互作用的产物。在一些江河中下游，地势平坦，河道泄洪能力弱，当洪水量超过河道泄洪能力时，洪水必然寻找临时蓄滞之所。在人口少、人口密度低的时代，江河两岸分布的湖泊和洼地便天然地成为超量洪水的蓄滞场所。但是，在有限土地的制约因素下，随着人口数量和人口密度的增长，人们开始不断地围垦湖泊、开发湿地，"蚕食"洪水的"领地"，因而缩小了洪水"宣泄"和调蓄的空间，导致洪水的漫溢和横流，从而引发了人水争地矛盾的激化。为了缓解这一矛盾，人类开始科学地规划出一部分土地，用于保障洪水尽情地"宣泄"。这些在发生洪水时可能被让出的范围便是分蓄洪区。

从分蓄洪区形成的过程可以看出,分蓄洪区具有一定的特殊性,表现在它所具备的两项基本功能:一是当发生大洪水时,为洪水提供"宣泄"空间,避免发生影响全流域的严重灾害;二是在没有洪水的年份或在洪水退去之后,为当地居民提供生存栖息之地。由此可见,分蓄洪区的建设需要和区内人地关系协调发展的要求之间存在一些突出的矛盾。一方面,分蓄洪区启用难度加大,对流域防洪大局的影响日益突出。随着经济社会的发展,区内现有人口数量远远大于设立之初的数量,生产设备和生活设施不断增多,为了保障区内大量居民的生命安全和财产安全,当遇到洪水时,一般采用"以撤退转移为主,就地避洪为辅"的安全建设方针,在启用率较高的分蓄洪区,转移几乎成为区内群众的唯一选择,而居民财产的转移由于时间紧、数量大,总会造成很大的损失,且对农田设施和土地的影响也比较大,恢复地力需要的时间较长,对日后生产恢复也有很大影响。此外,将大规模人口、大量财产在很短时间内紧急转移到安全地区,并为其提供后勤支持、人畜疫苗防治、灾后重建,这些工作需要各级政府各部门通力协作。同时,也会消耗政府和社会巨大的人力、财力、物力。上述三大制约因素都会促使启用分蓄洪区的决策难度加大。另一方面,分蓄洪区内居民生产、生活困难,经济发展水平滞后。分蓄洪区的自然条件相对较差,土地易淹,经济发展没有保证。承载人口能力偏弱。随着人口增长和经济社会的发展,人地矛盾越来越突出。由于分蓄洪区内的主要生产活动是农业生产活动,突出的人地矛盾制约着区内居民生产发展和生活水平的提高。此外,分蓄洪区的特殊定位,使得居民自我发展空间较小。为确保分蓄洪区的及时启用和有效发挥作用,分蓄洪区内限制、禁止大型非农生产性项目建设。同时,区内的外出务工人员所赚取的收入除医疗和子女教育以外,投资渠道和投资场所受到限制,导致不少收入用于原住房的装饰、修缮或者翻建。这不仅影响了有效的分蓄洪区库容,也加大了赔偿难度。现有的战略、体制和政策并没有完全缓解上述两方面矛盾的冲突,相反,还可能促使两者恶性循环,从而使得分蓄洪区的建设和发展更为特殊。

二、分蓄洪区建设和发展的复杂性:利益相关者之间的多重关系

分蓄洪区的特殊性,使得当地存在多重目标(工程建设和经济社会发展),使得政府在分蓄洪区建设和发展时,要考虑利益相关者之间的多重关系。分蓄洪区建设和发展的复杂性体现在以下几点。

1. 分蓄洪区建设和发展存在多重目标

在当前体制下,一般社会经济单元的发展主要涉及:①经济社会发展战略和政策制定及其实施;②交通、通信、水利等基础设施的建设和维护;③人口增长

的控制和人口质量的改善；④市场竞争正常秩序的维护（如工商管理、产品质量监管、安全生产监管）；⑤面向当地居民的教育、医疗等公共物品的提供；⑥社会和谐稳定的保持（如打击犯罪、调解民事）等。分蓄洪区的建设和发展除涉及以上方面外，在平常时期，还涉及分蓄洪区的设立及其规划、分蓄洪区安全设施（如转移道路、避水楼等）的建设和维护、排涝设施的建设和维护、洪灾预警系统的建设和维护等；在分蓄洪期间和之后，还要涉及组织、动员群众保护家园及撤离家园、灾害补偿的分配等。

2. 分蓄洪区建设和管理存在多重利益关系

一般社会经济单元的管理主要涉及当地居民与当地政府、当地企业与当地政府、当地居民与当地企业和当地居民与当地居民之间的关系，而分蓄洪区的建设和发展除涉及上述关系外，还涉及：①流域管理机构和当地政府的关系；②流域管理机构和当地居民的关系；③流域管理机构和当地企业的关系；④分蓄洪区居民和非分蓄洪区的关系（如因移民搬迁而进行宅基地和耕地相互置换时发生的分蓄洪区居民和非分蓄洪区居民的关系；当存在洪水威胁时，因利益冲突而发生的分蓄洪区居民和非蓄洪区居民之间的关系等）；⑤当地分蓄洪区居民与流域内其他分蓄洪区居民之间的关系；⑥当地政府和其他分蓄洪区政府，以及非分蓄洪区政府之间的关系等（图2-1）。

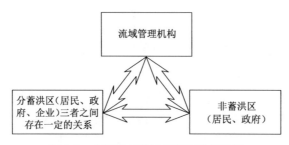

图2-1　分蓄洪区建设和发展关系简图

分蓄洪区的特殊性及其建设管理涉及主体非同一般的多元性，决定了分蓄洪区的建设和发展要处理错综复杂的关系。这些关系由分蓄洪区居民的生存和发展与整个流域的安全和发展的基本矛盾所决定。可以说，分蓄洪区的建设和发展主要是围绕这一基本矛盾所展开的。这种冲突是由在既定的物质和技术，以及制度条件下形成的分蓄洪区的基本功能及其建设模式决定的。具体地说，就是由物质不够丰富、技术不够发达和劳动力不能自由流动情况下，分蓄洪区既要服务于整个流域的治理，又要为当地居民提供生存和大小不同的发展空间这一情形决定的。

分蓄洪区的居民像其他地区的居民一样，第一，有生存的权利，他们需要食物、住房、健康和安全；第二，有发展的权利，他们需要工作、富裕的生活和社会的尊重；第三，有享受的权利，他们需要充实精神世界，扩大个人选择范围和享受各类服务。

在一般情况下，分蓄洪区居民的第一项权利都能得到保障，而第二、三项权利通常不能得到保障或不能得到充分的保障。这是因为：第一，分蓄洪区的建设和发展不能有碍于整个流域的发展，不能兴办大型工业项目，有时甚至不能兴办任何工业项目；第二，分蓄洪区时刻面临着洪水灾害的侵害风险，难以进行财富的积累；第三，分蓄洪区居民在洪水来临时，需要撤离家园，因而常常处于恐惧和不安之中。

显然，要使分蓄洪区居民能够得到充分的发展，免于恐惧和不安，最好使分蓄洪区成为永久的生产、生活之地；或者这些地区的居民全部搬离分蓄洪区。然而，前者会与整个流域的发展发生冲突，在一定的历史时期不易采用；后者的实施难度较大，时间较长，并且与当地人对蓄洪工程的认知程度紧密相关，是一个自愿的搬迁过程。

在这种情况下，一方面，为保证分蓄洪区居民的发展权，分蓄洪区不得不进行一定规模的建设和一定程度的发展；另一方面，为了保证整个流域的安全，这种建设和发展又不能超过一定的限度，这便构成了分蓄洪区建设和发展的难点和关键点。

第二节　分蓄洪区建设和发展的外部性理论

分蓄洪区的发展具有一定的特殊性和复杂性，肩负着确保蓄洪功能的实现和地方经济社会发展，改善居民生产、生活条件的"双项任务"。从理论来看，分蓄洪区能为流域内各经济单位提供跨区域的公共服务，具有公共物品特性，即非竞争性和非排他性，从而产生"正"外部性，但是分蓄洪区功能的正常发挥要求将土地让给洪水，从而使得当地土地资源稀缺，土地使用用途单一，经济社会发展面临着较强资源约束性，对区内产生"负"外部性。如何发挥这种"正"外部性，同时控制"负"外部性的影响程度？资源环境约束下的增长理论和外溢性区域公共治理理论能够较好地为解决这一问题提供理论基础。

一、分蓄洪区的公共服务特性和外部属性

从流域来看，分蓄洪区对防洪保护区以及其所在省对上下游不同省区经济社会发展发挥着安全屏障的功能。那么，如何看待防洪保护区所享受到的"安全屏障"这一公共物品的性质？理论上，一种服务或产品是否应当作为公共物品由政府向全社会均等地免费提供，主要取决于该服务或产品的性质、国家发展所处的阶段、经济实力和社会福利制度。比如，国防在文明社会中一直是作为公共物品而存在的，而基础教育在历史上并非一直作为基本公共服务由政府免费提供，但现在大多数经济情况较好的国家都实行了全民免费基础教育制度。又如，基本医疗、基本养老、基本住房等，在不同发展水平、不同福利制度的国家，情况都不完全一样。免受洪水威胁是人类生存和发展的一项基本条件，就如同免受战争或瘟疫的威胁一样，而这一基本条件是应当作为一项基本的公共服务由政府向全民公平、免费地提供，还是应当作为私人产品由居民个人负担，实际上也是与生产力的发展水平有关的。在生产力发展水平较低时，政府提供安全保障的能力有限，这个条件可能主要靠特定地区或居民自己来创造；而当生产力发展到一定水平时，政府就有能力、有条件将之作为一种基本公共服务免费向居民公平提供。综合各类因素分析，现阶段将"免受洪水灾害"界定为一种基本公共服务，由政府免费面向全民公平提供，不仅是合适的、可行的，也有利于理顺分蓄洪区管理的有关政策，减少不必要的矛盾。但是作为一种区域外溢性公共物品，具有非排他性和非竞争性，在对其他地区产生"正"外部性的同时，其区内在一定程度上也承担着发挥"正"外部性的社会成本，从而对当地经济发展产生"负"外部性的影响，使得分蓄洪区成为一种较为特殊的公共物品，其有效供给的问题更为复杂。

二、区内外部性：资源环境约束下的增长理论分析

在我国财政分权和晋升"锦标赛"的体制背景下，分蓄洪区生产力水平发展受限，使得其不顾独特的地形、地势、地貌而形成的资源环境约束，一味地追求发展，与大自然争斗，依赖于粗放型的经济增长方式不断侵占洪水用地，扩大各种用地规模和改变用地用途，从而使得人地争地矛盾不断激化，最终分蓄洪区经济社会发展水平始终落后于周边地区。针对这一现象，资源环境约束下的增长理论相关研究能够很好地解释这一特殊过程。

经济增长与资源消耗紧密相关，粗放型的经济增长会损害环境，对人类的生存空间产生负面影响。索洛（1956 年、1988 年）的新古典增长理论开创了模拟经济增长的先河。梅勒（1974 年、1975 年）和宇泽弘内（1975 年、1988 年）提出了降低污染的新古典经济增长理论。索洛（1974 年）则提出了包括不可再生资源需求与供给的理论。基于这些理论涌现了大量的研究成果，对此，达斯古普达和

希尔（1979年）做出了较为系统的综述。新古典增长理论认为，从长期来看，工资率的增长等于劳动生产率的增长，而收益率依赖于劳动生产率的增长以及储蓄和外生的技术进步，对资源环境的约束持乐观态度。而随着经济增长，自然环境不断恶化，以罗默和卢卡斯为代表的新增长理论开始将资源环境纳入到内生模型中来，讨论资源环境约束下如何促进经济增长问题。菲利普·阿格因和彼得·豪伊特（2011年）对其进行了系统总结。AK模型在引入资源环境约束后，证明得出资源的可耗竭性，使得经济增长在长期中是不可持续的，为了维持经济增长，必须要求当时间趋于无穷大时，提取的资源数量变为无穷小，否则资源存量和产出将在某个有限的时刻变为零。而为了抵消资源数量的消耗的影响，即在不断节约资源要素的条件下维持生产，就必须要求技术进步。但技术进步要求资本积累，从而加速资源消耗性的生产，最终导致资源环境的约束性更强，形成累积循环的因果关系。而在熊彼特增长模型中引入资源环境约束后，将技术进步和创新看成有别于物质资本的积累，尤其是创新比资本积累更加"绿色"，此时当研发设计的生产率或者创新的规模足够大，或者资源数量提取的速率足够小时，经济增长将是可持续的。但是更进一步地看，创新也存在资源消耗型的创新和资源节约型的创新，使得技术进步带有一定的方向性，在假定两种类型的创新具体完全替代后，构建资源环境约束下的定向技术进步模型，可以发现政府若对资源消耗型的创新活动征税，会鼓励资源节约型的创新活动的增加，将使得在资源环境约束下的持续增长率进一步提升。由上所述，若将从更加广泛的视角来看，创新不仅包括研发、设计类的活动，也可视为一种发展模式或制度性创新，但只要在政府引导下使得其向资源节约型方向转型，将会有利于当地经济社会的可持续发展，从而最小限度地控制分蓄洪功能对当地带来的"负"外部性影响程度。

第三节 分蓄洪区建设与"五化"同步的机理

基于理论分析，分蓄洪区作为一种特殊的公共物品，存在较大的"正"外部性，但同时使得区内资源环境约束更为趋紧，使得当地迫切需要探寻资源节约型的发展模式。城镇化、工业化、农业现代化、信息化和绿色化等"五化"同步发展模式是资源环境约束下的增长模式的集中体现，而分蓄洪区的建设和发展往往涉及土地的重新调整，为"五化"同步推进带来了发展机遇。

一、"五化"同步的内在联系

"五化"同步不是"五化"的简单叠加，而是基于"五化"之间的内在联系，强调"五化"作为经济社会发展的一个有机整体。"五化"之间的内在联系主要体现在以下几个方面。

（一）工业化与城镇化高度相关

从发展经济学的二元结构理论来看，工业化和城镇化主要是一种经济结构变迁的表现，其内容体现于农村剩余劳动力向城市和工业转移，由于工业经济和城市经济的聚集效应，其增长率远高于分散性的农村和农业，资源要素结构性的重新配置，促使经济增速的提升。在一个相当长的历史阶段，工业化与城镇化之间具有高度的正相关。据美国统计学家威尔克斯等（1987）在1870～1940年长达70年时间的考察，发现美国的工业化率与城镇化率的变动曲线几乎是两条平行上升的曲线。测算分析也表明，发达国家在1820～1950年，工业化与城镇化的正相关关系平均达到0.997，两者呈现高度的相关关系，两者共同成为经济社会发展的驱动力。

工业化与城镇化呈现高度相关，主要体现在两方面。一方面，工业化发展为城镇化奠定物质基础，提供发展动力，对城镇化具有巨大的推动作用。在工业化过程中，由于其自身经济规律的驱使，不仅导致劳动力、资本等生产要素向城市集聚，改变了进入城市的农业人口的生活方式，将农业人口变为市民，而且为城市就业和生活水平的提高奠定了物质基础，从而促进了城市和城镇的发展。另一方面，随着城镇化进程加快，城镇化所具有的集中和集聚功能不断完善，又为工业发展创造了条件。工业化与城镇化良性互动，形成了一个自我强化的系统，共同推进着经济社会发展。因此，工业化与城镇化相辅相成，工业化是城镇化的内容，城镇化是工业化的空间载体。

（二）城镇化与农业现代化相互依存

城镇既是人口聚集的区域，也是工业和服务业集聚的载体，城镇化与农业现代化的关系表现为城镇工业、服务业与农业的关系。农业现代化需要城镇工业与服务业的支撑，城镇化不仅吸纳农村剩余劳动力，为现代农业输入高级生产要素，而且为农产品精深加工提供服务，为农产品提供广阔的市场，推动农业向规模化、产业化方向发展，促进农业现代化。反过来，农业现代化不仅为城镇化释放出更多的人力资源、土地资源、拓展城镇化的发展空间，也为城镇化提供粮食保障和工业原料，支撑城镇人口及产业的集聚与发展，推动城镇化持续、健康发展。因此，城镇化与农业现代化是相辅相成的关系。

我国城镇化和农业现代化的关系与工农关系和城乡关系紧密相连，大致经历了"以农补工"、城乡分离—工、农和城、乡自我积累发展—工业"反哺"农业、"城市带动乡村"三个阶段。目前，分蓄洪区农业现代化水平总体上相对滞后，应根据城镇化与农业现代化的内在联系，以全域城镇化的理念统筹农业、农村和农民的发展，着力构建工、农互促和城、乡互动的良好发展机制。

（三）信息化与工业化日趋融合

"科技是第一生产力。"信息技术产生于社会生产，并运用于社会生产，特别是渗透于工业化的整个过程。在当今世界，信息技术凝聚着当代科技创新成果和智力因素，成为科技发展的重要标志和经济发展的主要驱动力。社会形态已进入到信息化时代，信息化与工业化的融合程度更深，成为现代经济转型的方向。

信息化与工业化融合是随着技术革新、产业升级、社会进步逐步发展起来的。目前，我国工业化仍是经济发展的主要动力，面对国际市场需求萎缩、国内要素资源和环境压力加大的现状，加快工业化与信息化深度融合尤为重要和迫切。推进信息化与工业化深度融合，一方面，应加大开发和运用信息技术的投入，加强现代信息基础设施建设，进一步开发、整合信息资源，完善信息化平台；另一方面，让信息技术全面渗透到工业生产和经营的各个层面，使信息化真正成为效率提高的"倍增器"，发展方式的"转换器"，产业升级的"助推器"。

（四）绿色化是"四化"同步发展的新要求

2015 年 3 月 24 日的中央政治局会议首次将"新四化"概念进一步提升，在"工业化、新型城镇化、信息化、农业现代化"之外，又加入"绿色化"并且将其定性为"政治任务"。在经济领域中，其本质是推进生态文明建设，要求将"四化"进行"绿色"转型升级：一是工业化"绿色"转型发展，协同信息化，共同推进资源节约型、环境友好型工业体系的建设。二是城镇化"绿色"转型发展，充分考虑资源环境承载力，构建科学合理的城镇化宏观布局，尊重自然格局，依托现有山水脉络、气象条件等，合理布局城镇各类空间，加强城乡规划管理等。三是农业现代化"绿色"转型发展，建设美丽乡村，推进农业现代化发展。

（五）"五化"各自的作用

对于农业仍然在地区经济中占据重要地位的分蓄洪区而言，工业化和农业现代化是经济社会发展最重要的两个组成部分。分蓄洪区经济的壮大，一方面不能仅依靠第一产业，需要结合工业化才能实现"富民"的目标；另一方面也不能任由农业萎缩、农村"凋零"，在农业产出比重相对下降的同时，必须依靠农业现代化提高农业生产率，在保障国家农产品供给安全的同时提高农民收入、促进农村发展。这一过程中，在绿色化的新要求下，信息化与工业化、农业现代化融合所带来的全面、动态、优化的资源配置方式，以及以城市功能提升为代表的城镇化质量提升将对工业化和农业现代化产生强劲的推动作用。

下一步分蓄洪区经济社会发展的主线是不断推动工业化、信息化、城镇化、农业现代化与绿色化进程。其中，工业化是经济社会发展最重要的内容，是信息化的基础和带动城镇化与农业现代化的"龙头"；城镇化是工业化和农业现代化最重要的载体；农业现代化则是当地经济社会发展的基础和薄弱环节；信息化是实现工业化和农业现代化的助推器；而绿色化则是"四化"进行"绿色"转型的约束条件。"五化"协调共进，可以化解各自发展面临的困境，可以循环累积效应。因而，地方经济社会发展面临的一个重要任务，就是处理好工业化、信息化、城镇化、农业现代化和绿色化五者之间的关系。

二、分蓄洪区建设是"五化"同步发展的重要推动力

工业化、信息化、城镇化、农业现代化和绿色化同步发展日益成为我国社会经济发展中的重大课题。分蓄洪区面临着生态脆弱、资源承载力有限甚至隐形的洪水风险，使得地方经济社会发展需要寻求一种独特的发展模式。分蓄洪区工程既是为保障整体防洪体系而设立的项目，又是为保障当地尤其是分蓄洪区内部居民安居乐业的防洪工程，做好该工程的建设和发展工作，本身就是对分蓄洪区经济社会稳定发展，推进"五化"同步建设的重大机遇。

（一）分蓄洪工程有利于工业化与信息化、城镇化耦合发展

"耦合"是物理学的一个基本概念，是指两个或两个以上的体系，通过各种相互作用而彼此影响以至联合起来的现象，是在各自子系统间的良性互动下，相互依赖、相互协调、相互促进的动态关联关系。类似地，可以把工业化与城镇化、信息化通过耦合点相互作用、彼此促进的现象看做是工业化与信息化、城镇化耦合发展。"安全建设工程"要求合理划分安全区，本质就是集中力量推行城镇化，是工业化和城镇化、信息化协调发展的一个重要耦合点，是有效实现工业化和城镇化、信息化耦合发展的安全保障。

分蓄洪区工程建设中的安全区建设应与当地乡镇政府紧密衔接，一方面，为地

方经济社会发展提供安全保障；另一方面，促进农村人口有序向安全区内转移，而当地乡镇政府应该遵循"产城融合"发展原则，统筹协调产业发展和城市功能的关系，将"产城融合"的理念落实到城镇空间布局上。在此基础上，科学合理地布局、建设各类公共服务设施，安排好教育、卫生、商业、文化等城市配套功能，同时，依托蓄洪工程的预警信息系统，进一步加大信息化的基础设施建设力度，以便充分利用信息化平台。一方面，在选择和引进、发展产业时，注意推进信息化和工业化的整合，促进工业生产中对信息技术的使用；另一方面，在以产业为先导进行城镇的基础设施和公共服务建设过程中，通过各功能模块中对信息技术的运用来建设"智慧型"城镇，提高城市治理和社会管理的效率，通过信息应用的推广将城市的公共服务资源向周边城镇和乡村延伸、覆盖，提高城镇化的质量。

安全区被规划为分蓄洪区的人口密集和产业、商业活动频繁的集聚地，不仅可以实现城市基础设施等资源的高效利用，减少废弃物的产生，增强城市生态功能，提高人民居住、工作、生活的环境质量，而且还可以促进企业集群，提高产业集群度，提升产业竞争力。同时，为充分发挥集聚优势，以及安全区的地域空间限制，势必使得在区内追求土地集约利用的发展模式，将安全区内产业空间定位和城镇化结合起来，能够集聚人才、知识、信息、资金，为产业发展提供良好的创业环境和经济社会文化氛围，提高安全区的资源利用水平。共享的信息知识优势，势必会吸引更多的企业，由于兼顾就业与生活，有构建平衡社区的理念，也将有利于人才集聚，形成人才集聚与产业集聚的耦合关系，两者相互依存、相互促进。

（二）分蓄洪工程工业化、信息化、城镇化耦合发展带动农业现代化发展

分蓄洪工程工业化、信息化、城镇化耦合发展为农业现代化创造良好的前提条件，包括安全区或者周边非分蓄洪区的工业化提供农业产业化发展所需的资金。随着安全区或周边非分蓄洪区建设的逐步深入，第二、第三产业发展迅速，不仅推动了城镇化进程，同时也提升了地区的综合经济实力，为实现农业现代化提供了必要的资金积累。农业现代化发展需要农业基础设施的不断改进，需要加大农业物质条件的投入力度，而单纯依靠农业增长收入是很难满足农业现代化发展需要的。工业化积累的社会资金将有利于保障农业物质要素的投入，切实落实工业"反哺"农业，加速农业现代化发展进程。同时，安全区或者周边非分蓄洪区的工业化为农业现代化提供良好的配套服务，即与农业生产有较高关联度的农产品加工业和第三产业，为农业产前、产中、产后提供规范化服务，也进一步推

进了农业产业化，加速了农业现代化水平的提升。此外，安全区或者周边非分蓄洪区的工业化促进农业专业化分工，加快农业结构调整，从而推动农业现代化水平的提升。在工业化实现过程中，农业专业化分工也日趋细化和合理，伴随着高产、高效农业的发展，农产品总量不断提升，进而带动了高价值作物和特色作物的开发，以及农产品加工业的发展。工业化发展还促进农产品运输、销售业的拓展，实现优势农产品产业带层次的提升，由主要向城市提供农业初级产品向提供农业加工品转变，大范围、大幅度地实现农产品价值和效益的提升，农业现代化水平也因此得到较大提升。安全区或者周边非分蓄洪区的城镇化建设，加速农村剩余劳动力的转移，有利于农业产业经营规模，大力发展集约化经营，以提升农业生产效率。而面对农村劳动力过剩的现实，必须加快剩余劳动力合理、有序转移，才能为提升农业现代化水平创造初步的发展条件。安全区或者周边非分蓄洪区相应地带动着第二、第三产业的发展和壮大，因而吸引着大量农村剩余劳动力向城镇转移和集聚，从而推动农村土地的相对集中和规模经营，为农业的专业化和规模化经营奠定了基础，降低了农业生产成本，提高了农业生产效率。安全区或者周边非分蓄洪区的建设势必会有利于集约使用土地、能源和资源，提高农业现代化水平。通过要素集聚，可高效利用和节约使用土地、能源和资源，为农业生产机械化提供前提条件，为发展绿色高效农业创造可能。

（三）分蓄洪工程"五化"同步建设形成多方效应

通过工程建设，可有效推动分蓄洪区"五化"同步发展，实现社会、经济、产业和环境多方面发展效应。

1. 产业发展速度加快，质量提高

随着市场经济的发展，生产要素跨区域流动趋于常态化，区域内部经济联系日益紧密。区域一体化为分蓄洪区实现跨越式发展提供了难得的机遇。安全区建设应利用与发达城市相邻的有利地理条件，通过与战略性的城市圈、城市群或都市圈的战略对接、交通对接、体制机制对接、产业对接等措施，积极承接大都市产业外溢和资金、人才、技术等要素外溢，通过优先发展环境，高水平提升城镇的服务功能、集散功能、创新功能、文化功能等，增强安全区对产业发展的吸附力、集聚力和支撑力，促使产业跨越式发展。

2. 城乡一体化发展，民生改善，社会和谐

当前，中国城镇化发展进入了一个从规模扩张到品质提升的整体转型时期、由数量型城镇化向质量型城镇化的历史性飞跃时期。城镇化不仅仅是城镇人口的增多，更是进城农民生活方式、生产方式和价值观念的现代化。因此，安全区及

周边非分蓄洪区建设要更多地关注人的社会性需求和精神层面需求，落实科学发展观"以人为本"的理念，促进人的全面发展，建设和谐、幸福的城市。

根据国外经验，需要特别注重"以人为本，重构社会关系"的思想理念。这包括三个方面：①重构城市社会关系。住房建设要考虑增进市民邻里关系，促进社区和谐发展，住宅区更加人性化，充分考虑不同层次居民之间的交流、沟通，以及加强不同社会阶层的融合；②强调人居环境的多样性和包容性；③注重居民的生存归属感和生活质量。"新都市主义"倡导城市发展的基础是便捷、紧凑和多功能的邻里，这样有利于重塑居民之间的关系，提升居民的归属感和责任感，保持城市活力可持续发展能力。比如，英国提出的城镇建设目标是"平衡社区"，具体包括总人口中有相对数量的本地就业人员，就业岗位不能单一，城市的阶级及阶层应该是混合的，要能吸收不同层次的人来居住和工作。注重"以人为本，重构社会关系"的思想理念，将有利于打破安全区城乡壁垒，促进城市品质提升，通过创建"平衡社区"，有利于促进社会和谐。

3. 环境保护得到加强，可持续发展能力增强

安全区的建设应当强调生态环境容量对城市规模施加的强约束，重视生态环境保护。通过制定科学的环保规划，建设齐全的环保基础设施、市场化运行机制，有效解决环境问题，以优良的生态环境吸引产业和人口园区集聚，促进产城融合，实现可持续发展。

安全区的建设可重点考虑以城市环境容量和资源承载力为依据，制定城镇规划，将环境容量、资源承载力和城市环境质量按功能区达标的要求作为安全区制定发展规划的基础和前提。统筹城乡的污染防治，防止将城区的污染转嫁到城市周边地区，把城市及周边地区的生态建设放到更加突出的位置。加大环境投入，提高城市环境基础设施建设和运营水平。加强和完善污水处理配套管网系统，提高城市污水处理率和污水再生利用率。加快城市生活垃圾和医疗废物集中处置设施建设步伐，提高安全处置率和综合利用率。统筹安排和合理布局基础设施，避免重复建设，实现基础设施的区域共享和有效利用。同时，重视发挥科技在节能减排中的作用。鼓励采用先进的环保科技及其解决方法，解决产业发展和城市发展中所产生的各种环境污染、资源利用不经济、不循环等问题。发挥政府主导作用的同时，重视发挥市场机制的作用，充分调动社会各方面的积极性，多渠道筹集资金。积极推广投资多元化、产权股份化、运营市场化和服务专业化。在城市推广以"资源节约、物质循环利用和减少废物排放"为核心的"绿色"消费理念，引导和改变居民的生活习惯和消费行为，减少生活污水、生活垃圾等排放。

三、区际外部性：外溢性区域公共治理理论分析

公共物品的基本特点在于能够为社会及其成员带来"正"外部性及由此引起的"搭便车"问题。由于生产和消费主体成本分摊和收益分享的不对称，公共物品供给存在显著的市场失灵，需由政府通过公共财政预算的方式加以解决。在我国现有的财政体制下，地方政府普遍针对其管辖区域空间内进行公共资源配置，个体的理性行动最终会导致集体的非理性结果，致使区域间外溢性公共物品供给不足的问题更加严重。一方面，地方政府的税源与使用依其辖区情况来确定，收入权力上移，但支出责任却大量下放给地方政府，地方政府的事权与财力不相匹配，致使地方政府对外溢性公共物品的提供，奉行"少分担，多受益"的原则，滋生免费"搭便车"、不愿共同分担成本等现象，导致地方公共物品供给效率降低。另一方面，以国内生产总值（GDP）为主要考核指标的官员评价机制和与此相关联的官员任免机制促使地方政府追求经济规模最大化，财政自主权的增强加剧了地方政府间经济的竞争，造成地方公共物品特别是区域外溢性公共物品供给不足（刘蓉等，2013）。因此，有效的财政激励和事权配置的制度化是激发地方政府公共物品供给活力、实现成本分摊与收益分享、促进跨区域外溢性公共物品供给的重要途径。

新古典主义的"庇古税"或经济补偿与新制度经济学的交易成本、明晰产权理论是解决外部性问题的重要途径。现代经济学中的公共经济学理论逐渐与外部性理论互相结合与渗透，认为地方政府作为主体提供跨区域外溢性公共物品的供给不足问题，可以看成是由集体成员分散化提供集体公共物品所带来的问题，解决这一问题的政策激励途径主要有以下三个。

（1）基于地方政府间的合作，通过引入多次博弈和补偿政策机制，抑制地方政府的免费"搭便车"动机，实现区域外溢性公共物品供给水平的提升。从参与人效用函数来看，跨区域公共物品供给问题，是由集体成员分散化提供集体公共物品行为选择的结果（Mueller，2003）。尽管Buchanan（1965）提出了公共服务的俱乐部机制，但Olson（1971）免费"搭便车"理论的提出，弱化了区域主体公共物品自愿供给的行为。而多次博弈和内部补偿机制（Sefton et al.，2005）与外部补偿机制（周业安和宋紫峰，2008；宋紫峰，2012），可以抑制区域主体的免费"搭便车"动机，有效增进公共物品自愿供给水平。但由于地区间财政竞争机制和标尺竞争效应的存在会加剧区域政府间的竞争，导致跨区域公共物品供给结构失衡和地方政府策略替代支出模式的形成（Keen and Marchand，1997；Besley and Case，1995；李涛和周业安，2009；刘蓉等，2013）。

（2）基于公共物品成本分摊机制，让地方政府诚实表达外溢性公共物品给其

带来的收益或是偏好，从而达到有效供给。Clarke（1971）、Groves 和 Ledyard（1976）对此进行了针对性研究，并提出了价格、税收等成本分摊机制，分别设计出引导个体表达自己对公共物品真实偏好的需求机制，即显示需求机制（AGV 机制），并求解出作为激励机制的克拉克税。Jackson 和 Wilkie（2001）、Klumpp（2004）认为，如果给定参与者的单调偏好并对公共物品的未来贡献提前预留，即可实现地方公共物品提供的效率产出，也可以通过参与者相互合作实现更高的收益率。但这种机制的前提假设是要求中央政府有充分的承诺能力，并且对于地区间外溢性公共物品的成本和收益的分布有充分且精确的信息。然而，我国的很多地区间外溢性公共物品并不满足这些条件（刘蓉等，2013）。而流域内的分蓄洪区防洪功能的受益主体可能是一个或多个地区，中央政府很难衡量或比较每一地区的受益多少，即难以确定分蓄洪区防洪的成本和收益在每个地区如何分摊。同时，地方政府往往在公共物品供给带来的收益与通过扭曲性税收供给公共物品所带来的成本之间进行权衡（Samuelson，1954；Atkinson and Stern，1974）。进一步的研究表明，政府供给公共物品的成本绝不仅仅是扭曲性税收成本，还包括权力"寻租"的成本（Gradstein，1993）。地方政府间会体现出某种合谋和"寻租"行为（桂林等，2012），会降低本地区防洪的公共服务支出，坐享其他地区的公共支出"效益外溢性"（Gordon，1983；Lenka，2009；郭玉清和姜磊，2013）。

（3）基于财政分权，通过各级政府财权与支出责任的匹配，实现区域外溢性公共物品有效供给效率的增进。根据产权经济学理论，产权是对财产主体的行为性权利的界定，是激励和约束经济主体的一种行为规范。其主要功能在于明晰行为人的行为边界（即权利和责任），从而为行为人提供一个稳定的收益和成本的合理预期。产权的有效性在于形成一种激励和约束，使交易成本最小化，从而实现资源的有效配置。地方政府因其在公共物品供给方面的种种优势而获得分权，并成为世界上大多数国家的选择，也是我国激励地方政府增加区域外溢性公共物品供给的重要机制。财政分权较之集权有利于提高资源配置效率和社会福利，其核心问题在于确认分权有助于提高效率的判断下，如何保证地方政府存在的效率问题，以及如何实现中央与地方分权的最优化（Musgrave，1959；Qian and Weingast，1997；阎坤，2004）。Tiebout（1956）最早将公共物品供给和分权明确地联系在一起，他认为自由流动的居民通过迁移来选择最优的地方公共物品供给水平，借助这样一种不同于通过政治渠道"呼吁"的"退出"机制，促使辖区政府尽可能地满足居民的公共服务需求，实现社会福利最大化。Stigler（1957）进一步强调中央政府统一提供公共物品是不经济的，各地方应该自行确定本地公共物品的数量和种类。而 Oates（1972）认为公共物品的供给与地方和中央的供给成本相关，分权的福利效应并不依赖于居民的自由流动性，只要地方公共物品的需求在辖区间存在差异，由地方政府而不是中央政府提供就更能够满足辖区间居民的异质性偏好，这就是著名的"分权定理"。此时，地方政府公共物品提供的绩效主要体现在效率上：生产者效率，衡量投入—产出的关系，相同的投入能够获得更多的供给水平，表明技术效率更高；消费者效率，衡量供给—需求之间的关系，公共物品的供给越是满足了居民的需求和偏好，配置效率就越高。但这并不意味着区域内某项公共物品供给活动效率很高其有效性程度就会强。如果地方政府提供的某项公共物品并不符合居民需求，即使其生产效率很高，但其产出的有效性也会很差。随着分权化浪潮的推进和信息经济学的兴起，对于财政分权是否能够增进公共物品供给的有效性研究不断引向深入。Dewatripont 和 Maskin（1995）建立的 DM 模型，开创性地把软预算约束看做是特定体制中内生出来的一种动态激励，认为在集权管理体制下存在逆向选择和沉没成本，较差的公共物品建设项目更可能得到融资。Qian 和 Roland（1998）以这一模型为基准，分析了公共物品的供给激励，指出在集权体制环境下由于软预算约束的存在，基础建设之类的"硬"性公共物品和"软"性地方公共物品都会供给不足；而分权则有一定的硬化预算约束的效用，使区域间"硬"性公共物品供给大于集权下的供给。Faguet（2004）考察了财政分权条件下政府对居民需求反应的灵敏度，认为分权强化了政府对居民公共物品需求的反应。

　　尽管分权具有促进公共物品提供效率的潜在优势，但达到分权的效果仍然取决于一系列条件，其中最为重要的有两点。①政府间公共物品供给偏好的差异。Reza（2002）认为，在现实中，中央和地方政府的公共物品偏好是不一致的，且存在信息不对称问题。地方政府间偏好会随着区域经济的发展呈现出动态的变化，财政分权激励区域外溢性公共物品供给的作用就变得模糊和复杂（Besley and Ghatak，2001）。但在我国现行分税制形成的财政激励和晋升形成的政治竞赛激励下，地方政府更偏好于基础设施建设，导致区域内防洪工程的公共物品投入不足。因此，如果不清楚地方政府公共物品供给偏好，单纯的财政分权并不能解决全部问题（Bardhan and Mookerjee，1998）。②地方政府的财政自主权。享有财政自主权能够保障地方政府灵活反应的信息优势。如果地方政府不是依靠自有收入而是大规模地依赖上级转移支付，将会诱导地方政府将注意力转向转移支付规则，追求寻租与部门利益，而不是辖区居民的需求与偏好，从而抑制分权的配置效率，这在转移支付体系不规范的情况下更为严重（Boyne，1996；Weingast，2000）。享有财政自主权也能够促成地方政府展开真正的竞争，防止资金浪费，从而提高财政资金的使用效率（Boyne，1996），即地方财政自主权对于分权实现公共物品供给的技术效率具有重要的作用。享有财政自主权也能够促进地方政府基于非合作博弈的框架下，达成匹配提供机制，即地方政府首先承诺一个基于其他地方政府的贡献而配套贡献的匹配率，然后再决定自己的直接贡献水平，来实现跨区域公共物品供给的帕累托最优效率。国内学者研究表明，自1994年我国实施分税制改革以来，地方政府支出竞争主要围绕基本建设支出展开，尽管从分割趋向融合的市场环境有利于形成基本建设支出的区域外溢性收益，但财政竞争机制和标尺效应超越了效益外溢性的影响，环境保护等民生领域公共物品支出则以替代战略为主。因此，应赋予地方政府必要的财力保障和构建合理的财政转移支付制度，建立正确的考核机制，把反映公共物品有效供给的指标纳入考核体系，实现政府能力与公共物品供给任务的平衡。地方政府在一定程度上拥有收入自主权同样有助于缓解激烈的区域竞争，其政策着力点在于健全地方税制体系，扩大地方政府理财空间和调控能力，地方资源税系、财产税系改革是其获得稳定税基的重要途径（郭庆旺和贾俊雪，2009；孙红玲，2007；郭玉清和姜磊，2013；吴帅，2013）。

由上所述，将"免受洪水灾害"界定为一种区域外溢性公共物品，是特定范围的集体消费，其配置具有地理上边界清晰的区位空间，其消费具有普遍的外部性和空间溢出效应，其供给则呈现出明显的区域供给不足。国内外学者围绕有效激励区域外溢性公共物品有效供给的奖惩机制、成本与收益分摊机制、财政分权等财政机制展开了研究，提出了相关的理论假说和实践路径。但如何针对我国现有政治体制和财政分权制度，构建既能够体现各区域对分蓄洪功能需求偏好，又能约束地方政府公共物品支出偏好的政策激励机制，尚待进一步深入研究。此外，区域外溢性公共物品供给的政府公共财政市场化激励效应和路径、相关配套制度改革也缺乏系统的深入研究。

第三章
洪湖东分块蓄洪区实地调查：问题、成因和机遇

洪湖东分块蓄洪区工程项目涉及区域包括新滩、汊河、黄家口、龙口、老湾、燕窝、大同湖农场和大沙湖农场等乡镇和农场。为了解当地经济发展的现状，笔者在针对洪湖东分块蓄洪区及其相关区域进行问卷调查和多次多角度访谈的基础上，共发放《洪湖东分块蓄洪区社会经济发展的调查问卷》350 份，回收有效问卷 264 份，在统计调查结果的基础上，发现由于政策配套缺失、体制、机制不完善等"政府失灵"行为，造成洪湖东分块蓄洪区当地经济社会发展和工程建设之间相互制约的问题。洪湖东分块蓄洪区工程被列入国家水利项目，为解决上述矛盾，纠正政策性的扭曲，推进"五化"同步建设创造了有利条件和机遇。

第一节　洪湖东分块蓄洪区突出问题：工程与发展相互制约

长期以来，洪湖分蓄洪区建设与区内（尤其是洪湖东分块蓄洪区）经济社会发展之间存在相互制约的突出问题。一方面，地方财政实力逐渐趋弱，城镇功能不足，优惠政策缺失，"三农"建设动力不足，致使分蓄洪区工程建设工作推进艰难，停滞不前；另一方面，洪湖分蓄洪区（包括洪湖东分块蓄洪区）的功能定位，牺牲了自己的发展机会，保障了其他地区的发展，但"蓄洪工程"建设的严重滞后影响了投资者的信心，阻碍了当地经济发展。

一、"蓄洪工程"建设和运用面临的困境

目前，洪湖东分块蓄洪区内的防洪体系源于早期洪湖分蓄洪区工程建设，总的来说，分蓄洪区内的工程建设严重滞后，与长江防汛紧张局势不相适应。虽然洪湖分蓄洪区工程已经过几十年的建设，形成了完整的封闭圈，但是，因分蓄洪区工程建设投资力度不大、计划资金不到位等因素，致使部分配套工程未能按计划建设完成，"蓄洪工程"不能充分发挥其工程效益。一方面，工程建设项目地

方财政资金配套困难，配套资金难以落实，工程建设受到影响。湖北是水利大省，防洪重点工程多，需要配套资金的压力大，而地方财力不足，难以承担诸多工程建设配套任务造成的沉重压力，致使地方配套资金不能足额、及时到位，影响了洪湖分蓄洪区工程建设。另一方面，"蓄洪工程"项目前期工作无经费来源，前期工作推进难。"蓄洪工程"项目编制、报告评审、业务协调等工作需要大量的前期费用，而"蓄洪工程"管理单位都是预算财政，项目前期工作经费没有纳入预算，前期费用没有资金渠道，前期工作开展十分困难。同时，因工程不能按计划建设完成，工程设施不完备，如主隔堤基础差、隐患多，涵闸安全存在隐患，防汛物资器材匮乏，安全转移设施不达标，以及分洪预警系统不完备，使得区内防洪安全无保障，不能实施农业大生产、工业大规模的发展规划，制约了区内经济的快速发展，影响了地方对"蓄洪工程"建设的积极性。

二、洪湖东分块蓄洪区经济和社会发展面临的困境

自 1972 年洪湖分蓄洪区工程建设以来，区内人民群众"舍小家，保大家"，为整个经济社会发展和稳定做出了巨大的牺牲和奉献，受分蓄洪区工程建设和随时准备分洪运用等因素制约，分蓄洪区经济社会发展受到严重影响，社会生产总值远远落后于分蓄洪区外的其他地区，处于"不是贫困地区却难于贫困地区"的尴尬境地。

（一）当地居民收入偏低且增收困难

在当地调查的对象中，人均年收入 2 万元以上的家庭只占 17%，远低于周边县市。一方面，受工业化严重滞后的影响。洪湖东分块蓄洪区是典型的工业缺乏区，除了新滩镇在近年来和武汉经济技术开发区合作共建新滩新区以外，有一定的工业基础（但其工业发展也仅仅是处于起步阶段），多数企业还在观望，其他乡镇如黄家口、龙口、老湾、大同、大沙、燕窝等依然是以农业经济为主，工业发展落后。这也反映在调查结果中。在调查中，农村户口的家庭收入主要来源于农业收入，占了 90%。从农业收入来源的种类来看，粮食和水产作为家庭收入来源的比率各占 1/3，棉花、蔬菜和莲藕三者的收入占家庭收入来源的 1/3。这也体现了洪湖作为"鱼米之乡"的特点，但也反映了农户收入来源的单一。另一方面，洪湖属于重点限制发展区，在国家投入、招商引资、人才吸引、农业生产等方面制约性较大。

在国家投入方面，30 多年来国家从未在洪湖市投入重大建设项目。这么长时间没有投入国家级重大建设项目，对于处于长江中游的"鱼米之乡"来说是非常

无奈的。究其原因，主要是洪湖戴着分蓄洪区的"帽子"，限制了国家重大建设项目的投入。

在招商引资方面，洪湖东分块蓄洪区承担了分蓄洪的风险，政策的硬性约束及工程建设的延缓，使得当地招商引资困难，资金投入严重不足，许多招商引资项目投资商谈到洪湖分蓄洪区就望而生畏，从而严重地影响了当地经济的发展。

在人才吸引方面，呈现典型的靠打工支撑经济的特征。由于调查是在春节后的一段时间展开的，恰逢农村打工外出的高峰时期，所以调查的农户主要是在家从事农业的村民，没有调查到外出打工人员。本书采取了典型调查和重点调查的方式，主要是对新滩镇东岸村进行调查。该村 45 岁以下的村民，除了村主任、书记、教师、从事公共服务的人员（如村医）、学生等外，基本上都在外打工，家庭人口 4 人或者 3 人在外打工的现象非常普遍。当时只有 3 人没有外出，也就是说 45 岁以下的村民 90%左右都在外打工。村里新建起一栋栋住宅，村民介绍这些住宅大部分是外出打工人员回村修建的，仅靠农业收入修建住宅基本是很难实现的。可见，基础设施薄弱、交通不便、经济发展受限，导致当地收入低，外地的人才不愿去就业，本地的人才大量流失，经济发展更加缺乏动力。

在农业生产方面，洪湖市域三面环水，是"四湖水袋子"之袋底，国家对洪湖水利建设投入与洪湖水利需要不相适应，洪湖市要求解决四湖中下区外排流量不足的要求一直未得到解决。如稍降大雨，加之四湖上区下泄洪水，洪湖随时可能酿成大的洪、涝灾害。此外，分蓄洪区内未完成的工程措施也给区内农田水利建设、农业综合开发、土地整理、农村安全饮水等工作不可避免地造成一些影响和损失，有许多临近湖区和公路的村庄至今没有开展土地平整工作，水利基础建设不能正常开展。

（二）区位优势条件陷入"制度性困境"

洪湖东分块蓄洪区邻近武汉，易受其经济辐射影响，区位优势明显。武汉到监利的武监高速早已修到新滩镇，过去东荆河口的天堑再也不能阻挡洪湖和武汉的联系，洪湖和武汉就是一桥的距离，从新滩镇到武汉市中心的距离也只有不到 1h 的车程。在武汉市把汉南区划归沌口后，洪湖东分块蓄洪区离武汉的中心城区也就越来越近。但是由于天然蓄水池的地势条件，其也成为保护武汉免受洪水风险的防洪屏障，这导致其自身经济安全发展难以保障。

目前，武汉城市圈范围并没有将洪湖涵盖其中，制度性壁垒明显高于武汉其他邻近城市，区位优势难以发挥。由湖北省推进武汉城市圈全国资源节约型和环境友好型社会建设综合配套改革试验区建设领导小组办公室领导下的武汉城市圈是全国资源节约型和环境友好型社会建设综合配套改革试验区（即"两型社会"），以湖北省的省会武汉市为城市圈中心城市，黄石市、孝感市为城市圈副中心城市。湖北九市（武汉、黄石、咸宁、黄冈、孝感、鄂州、仙桃、天门、潜江）政府部门主动拆除市场壁垒，搭建合作平台。工商、人事、教育等部门承诺在市场准入、人才流动、子女入学、居民就业等方面，建立一体化的政策框架，以提高城市圈的整体竞争力。洪湖作为分蓄洪区"舍小家，保大家"，为保护武汉和江汉平原经济社会发展和稳定做出了巨大的牺牲和奉献，经济发展不如其他八县市是无疑的。但是把洪湖市排除在武汉城市圈外，不能享受该平台的相关政策待遇，无疑是雪上加霜。

（三）城镇化建设成本相对较高且难以推进

自 1972 年洪湖分蓄洪区工程动工开始，洪湖就戴上了分蓄洪区的"帽子"。洪湖分蓄洪区工程经过一、二期工程建设，虽已粗具规模，但仍不具备安全运行的条件。在 1998 年长江特大洪水后，根据《国务院批转水利部关于加强长江近期防洪建设若干意见的通知》（国发[1999]12 号）精神，湖北省选定在洪湖分蓄洪区东部建设"蓄洪工程"。洪湖分蓄洪区的"帽子"一直无法摘掉，使得洪湖东分块蓄洪区建设不仅要具备改善当地居民生产生活条件，而且还要兼具分蓄洪功能，因此，当地城镇化规划建设与蓄洪工程建设融为一体，突出保障蓄洪功能的城镇化格局。

但是，为保障行洪安全，国务院和长江水利委员会对洪湖分蓄洪区城镇建设做了特定限制，分蓄洪区城镇化束缚多、成本高、难度大。现阶段，洪湖东分块蓄洪区内呈现居住分散、产业结构单一、城镇基础设施和蓄洪工程建设滞后等特征。据调查，洪湖东分块蓄洪区内人口有 30 万人，其中，农业人口有 25.64 万，占 85.5%，非农业人口为 4.36 万人，仅占 14.5%。同时，区内建设四处挖沟筑堤、建安全区，使原有水系一而再、再而三地遭受破坏，平坦完整的田地被弄得四分五裂，增加了规划建设的难度。抽样调查结果显示，39%的调查对象认为影响当地城镇化、工业化发展的原因是戴着分蓄洪区的"帽子"，而持有"地方政府不重视，没有好的政策引导"看法的人员占调查总数的 38%，认为"外出打工人员过多，没有足够剩余劳动力"的人员占调查总数的 32%。由此可见，分蓄洪区的"帽子"对洪湖分蓄洪区东分块经济发展的影响是非常严重的。

此外，受分洪区工程影响，基础建设投资过大，洪湖市因交通闭塞严重影响经济发展，洪湖是迄今湖北省唯一一个没有通行高速公路的县级市。通过多年努力于 2012 年 8 月动工兴建的洪监高速公路，为满足分洪运用时高速公路的运营和救生抢险车辆、船只的通行，不得不将分洪区内的高速公路基础改为高架桥，其结果是增加投资 20 多亿元，现洪监高速公路虽艰难起步，但因资金不足，建设步履维艰，困难重重，不得不时建时停。

（四）当地公共服务长期供不应求

洪湖分蓄洪区城镇化和蓄洪工程等公共物品投资需求较大，尤其是根据分蓄洪区的发展规划，将来准备将洪湖东分块蓄洪区 31 万居民全部转移到新滩和新堤两个安全区，其中 26 万居民转移到新滩，5 万居民转移到新堤。这么大规模的人口转移，使得安全区相应的社会生活服务（如医院、学校等公共服务）需求将会进一步增大。目前，因缺失大企业落户，税源少，且防汛抗灾费用高、排涝经费不堪重负，地方财政无法支撑当地公共物品的供给。

在财政支出方面，洪湖市因缺失大企业落户，税源几乎是荆州市倒数第一，经济发展滞后，财政基本支出（如对有关农田水利基本建设、农村安全饮水、血吸虫病防治、农村社会保障、农村公路、桥梁建设等关系民生的问题）的配套资金根本无法保证。

在防汛抗灾方面，1990～2000 年，洪湖市平均每年防汛达 60 多天，1991 年、1993 年、1996 年、1998 年四年平均达到 90 多天。1998 年，洪湖长江、东荆河、洪湖围堤防汛超过 100 多天。需要的防汛抗灾费用特别高，全部由政府财政支付是难以承受的。

在排涝经费方面，洪湖市泵站一般比周边县市提前开机 1 个多月，推迟停机 20 多天，沿"洪排河"以北的 10 多座泵站工作时间更长，有的泵站从春耕生产开始工作，一直到春节，泵站都要工作，增加了生产成本，加重了群众负担。

第二节　洪湖东分块蓄洪区问题形成的原因："政府失灵"

洪湖东分块蓄洪区内工程建设和经济社会发展相互制约的突出矛盾，导致当地居民收入偏低且增收困难，区位条件陷入制度性困境，城镇化建设成本相对较高且难以推进，公共服务长期供不应求等。虽然根据调查，普遍认为分蓄洪区"帽子"是造成上述问题的主要原因，但是从理论根源来看，应归结为以现有分蓄洪区的相关政策、体制机制不健全为表征的"政府失灵"行为。

一、洪湖东分块蓄洪区政策法规缺失严重

经济社会和工程建设存在的突出问题，归根究底是制度上的缺陷、政策法规

的不完善。故本部分针对现有洪湖东分块蓄洪区发展相关政策进行，包括洪水保险政策法规，补偿政策，产业、土地、人口等配套政策的不足，以及相关法规的缺失，相应的法规衔接性不强。

（一）与分蓄洪区相关的现有政策法规

分蓄洪区管理法规体系分为三个层次：一是全国人大常委会和国务院制定的法律法规及国务院颁布的政策性文件，是指导全国分蓄洪区建设和发展的法律依据和基本原则，是制定其他相关政策和制度的基础；二是国务院有关部门制定的有关分蓄洪区的部门规章，从不同的行业角度出发，提出分蓄洪区管理的政策措施和技术要求；三是地方人大或政府结合本地实际情况制定的指导本地区分蓄洪区管理的地方性法规和政策。三个层面上的法规体系相互补充，组成一个有机的整体，形成分蓄洪区管理的法规体系。

1. 国家层面的法律法规和政策

现已颁布的《防洪法》《防汛条例》《蓄滞洪区运用补偿暂行办法》《关于加强蓄滞洪区建设与管理的若干意见》《蓄滞洪区安全与建设指导纲要》，拟制定的主要有《蓄滞洪区管理条例》《洪水影响评价办法》等。

2. 国务院部门行政规章

现已颁布的《国家分蓄洪区财政运用补偿资金管理办法》《分蓄洪区运用补偿核查办法》，拟制定的《洪水影响评价管理条例实施细则》及有关部门关于分蓄洪区土地、人口、产业管理的政策和制度等。

3. 地方性法规规章

地方性法规规章主要包括：湖北省级人大和政府依据国家的相关法规，制定适合本地实际情况的一些地方性法规，如《湖北省人民政府关于禁止在洪湖分蓄洪区东分块蓄洪工程建设控制范围内新增建设项目和迁入人口的通告》《湖北省分洪区安全建设与管理条例》《中共湖北省委湖北省人民政府关于加快水利改革发展的决定》等。分蓄洪区所在地区人大和人民政府应制定和落实各项分蓄洪区管理法规规章的具体管理和操作规定。

（二）与分蓄洪区相关的现有政策、法规的不足之处

根据洪湖东分块蓄洪区的特殊性，区内土地利用、经济发展、人口调控等风险管理均需要针对其特点建立相应的管理制度和制定特殊的政策进行调节。但目前对洪湖东分块蓄洪区经济社会活动调节的各类法规、政策体系还很不完善，缺

乏对社会经济行为具有法律效力的具体规定，洪湖东分块蓄洪区所在地各级政府缺少具体的配套法规和制度，部分已有的政策也存在操作困难的情况，不能起到有效调节各种经济社会活动的作用，达不到减少和规避洪水风险的目的。

1. 国家层面的政策、法规对蓄滞洪区采取的基本都是限制发展政策

自蓄滞洪区设置以来，国家对蓄滞洪区采取的基本都是限制发展政策，分蓄洪区经济社会发展的政策和体制资源不足。例如，《防洪法》中规定"在洪泛区、蓄滞洪区内建设非防洪建设项目应施行洪水影响评价制度，并提出防御措施"。又如，《蓄滞洪区安全建设指导纲要》中规定"蓄滞洪区内工业生产布局应根据蓄滞洪区的使用机遇进行可行性研究。对使用机遇较多的蓄滞洪区，原则上不应布置大中型项目"。再如，《蓄滞洪区运用补偿暂行办法》第四条规定"蓄滞洪区所在地的各级地方人民政府应当按照国家有关规定，加强蓄滞洪区的安全建设和发展，调整产业结构，控制人口增长，有计划地组织人口外迁"。

2. 国务院各部委的政策、法规行业特点明显，难以指导分蓄洪区的管理发展

从总体来讲，国务院各部委对蓄滞洪区问题都有所考虑，但基本上都是从自身行业出发的，或带有明显的行业特点，思路与措施缺少综合与衔接。水利部强调蓄滞洪区的防洪功能；《国家产业指导目录》把防洪设施作为优先发展类；环境保护部强调蓄滞洪区的生态功能；《国家主体功能区发展规划纲要》则把蓄滞洪区列为限制发展地区。

3. 法规中缺乏相应的财政转移支付政策

洪湖分蓄洪区所在的洪湖市和监利县既是革命老区，又是分蓄洪区。新中国成立后，该地区作为国家划定的特殊区域，经济社会发展又长期受到制约，可以说分蓄洪区人民为全国的解放和保全、保发展大局都做出了重大贡献。但是洪湖东分块蓄洪区作为优先泄洪区，既没有享受国家对革命老区的政策，也没有作为国家划定的特殊区域因经济社会发展长期受到制约而应该享受到制度补贴。为使分蓄洪区的群众享受到改革开放的成果，体现社会公平，应建立分蓄洪区专项财政转移支付政策，每年以分蓄洪区人口数按人均 400～500 元的标准估算，给予分蓄洪区县（市）财政专项补助（5 亿～6 亿元/年），弥补地方财政资金的不足。如果补贴到位，应该主要用在优先分洪的洪湖东分块蓄洪区。

4. 法规中缺乏相应的税收优惠政策

1996 年，湖北省人大常委会制定了对分蓄洪区财政补偿和义仓粮返回等优惠政策，但洪湖分蓄洪区所在的县、市没有享受相关优惠政策，随着 2005 年农村税费的改革，农业税减免后，分蓄洪区与其他地区在国家政策方面没有任何区别。

洪湖东分块蓄洪区隶属于国家中西部，虽然不属于贫困地区，但与"鱼米之乡"的称谓不相符，经济落后，在税费减免等方面也没有享受相应的政策。笔者建议根据分蓄洪区经济发展现状，可参照中西部地区和贫困地区政策规定，在税费减免政策等方面支持区内经济发展。一是国家对农村移民安置开发的土地和分蓄洪区内新建企业，在税收方面给予减免优惠；二是将分蓄洪区内企业增值税、营业税等税费按比例返还，用于分蓄洪区内基础设施建设和民生事业发展。

5. 法规中缺乏相应的产业引导发展政策

分蓄洪区是战略防洪储备工程，一直以来存在运用与发展的矛盾。然而在洪湖东分块蓄洪区却缺乏相应的产业引导发展机制来解决运用与发展的矛盾。结合分蓄洪区工程的实际情况，可实施产业引导发展机制，即在安全区内，鼓励支持大型企业落户发展，承接发达地区产业转移，特别是受益发达地区，要加强人才、技术、产业、项目等方面的对口支援，推进安全区内城镇化、工业化建设步伐，促进地方经济发展，财政增收，扩大就业；在非安全区，以农业产业为主，鼓励土地流转和土地集约化、规模化生产经营，逐步形成农业生产机械化，大力引入大型现代农业企业，推进农业现代化发展。由此可建立安全区与非安全区发展模式，实现"分洪时保安全，不分洪时促发展"的目标。

6. 法规中缺乏相应的洪水保险政策

过去一旦发生自然灾害，都是由政府投入巨资进行补偿，缺乏相应的洪水保险政策，与市场经济的发展特征不相适应，故政府应该出台国家层面的"洪水保险法"及"分蓄洪区洪水保险法"。发达国家都是通过强制性的洪水保险政策来对洪水灾害进行补偿，并颁布相应的法律进行保障的，如1973年美国政府颁布的《洪水灾害防御法》明确规定如何进行洪水保险。随着市场经济的发展，我国也可借鉴发达国家经验，探索建立分蓄洪区内洪水保险政策。具体来说，即由政府出资一部分，企业和居民投保一部分，社会保险公司承办的洪水保险政策。在平常年份，政府、企业和居民每年投入一定资金购买保险；在分洪区运用年份，所受损失按照合同，由保险公司给予赔偿，可实现由政府补偿向社会化赔偿的转变，逐步实现风险社会化管理模式。

7. 法规中缺乏相应的分洪保障发展基金

虽然"蓄洪工程"是以保护武汉等重点城市的经济发展和财产安全为重点目标的，但武汉等城市作为主要受益者却没有对洪湖东分块蓄洪区的经济进行过任何的补偿。国家及地方性的政策法规在这方面存在严重的缺失，而分蓄洪区的居民对此存在强烈要求。在对洪湖东分块蓄洪区居民调查的时候，100%的受访者认为武汉应该给予该区居民经济补偿。分洪保障发展基金是一种实际可行的补偿方式。具体来说，分洪保障发展基金可由主要受益区——武汉市从土地出让金中提起一定比例资金设立，国家和省级财政给予配套补充。对于基金投资的方向，主要可用于分蓄洪区内防洪工程、农田水利、民生发展等基础设施建设，以缓解大型水利项目投资渠道单一的问题，促进分蓄洪区域经济社会的可持续发展。

二、洪湖东分块蓄洪区管理机制存在缺陷

分蓄洪区是一个特殊的地理单元，管理任务也有别于一般地区，既要对防洪工程进行管理，又要对区内的社会经济活动实施管理。多年来，由于当地政府重视不够，分蓄洪区的管理存在许多问题，严重影响分蓄洪区功能，导致分蓄洪区运用困难很大。目前，洪湖东分块蓄洪区管理机制存在以下几个问题。

（一）管理行政机构和组织体系不健全

1. 双重领导体制的专业管理机构

《长江流域蓄滞洪区建设与管理规划报告》规定"对于重要、运用机遇较高的蓄滞洪区，蓄滞洪设施和防汛管理任务较重，应建立蓄滞洪区的专业管理机构"。1994 年，湖北省政府批准在洪排总部基础上组建正县级事业单位"湖北省洪湖分蓄洪区工程管理局"。洪湖东分块蓄洪区作为国家的重要蓄洪区，有湖北省洪工局这个专业管理机构是符合国家相关规定的。但是湖北省洪工局是由省水利厅与荆州市政府双重领导的管理体制，工程业务、人员编制与经费由省水利厅直管，人事由荆州市政府管理。这种省级职能部门、地市级双重领导的管理体制不利于分蓄洪工程的管理和运用。

2. 缺乏完善的综合管理机构

对分蓄洪区内基础设施、蓄滞洪设施和各项社会事业等方面的管理，可实行专业化管理。但往往会出现条块分割的情况，管理效果不佳。可在综合管理的基础上，由蓄洪区所在地人民政府组织成立蓄滞洪区综合管理委员会，作为蓄滞洪区社会综合管理的议事协调与管理监督机构。蓄滞洪区综合管理委员会的职能定位是承担蓄滞洪区综合管理有关事宜的规划、政策、协调和监督。其主要任务包括：①组织编制分蓄洪区经济社会发展规划，明确分蓄洪区人口控制规模、土地利用模式，确定产业调整和发展方向，根据分蓄洪区特点及其风险分布对区内人口和产业进行合理布局；②根据分蓄洪区经济社会发展规划和分蓄洪区综合管理要求，制定有关人口、土地利用、经济发展的政策；③负责协调，明确当地政府

有关部门要承担的任务和责任，协商解决分蓄洪区经济社会发展过程中涉及分蓄洪事务在部门之间出现的矛盾；④负责对分蓄洪区建设任务的落实和完成情况进行监督检查，落实与分蓄洪区政策和制度相关的土地利用、经济社会发展、人口控制等社会管理要求。

（二）蓄洪事务管理的体制缺陷

1. 管理机制与分蓄洪区建设管理不相适应

一是分蓄洪区管理设施滞后，管理法规、制度、机构不健全，管理手段弱化。《湖北省分蓄洪区管理条例》等相关法规与制度得不到有效执行，加之地方群众对分蓄洪工程的认识不到位，给分蓄洪工程的管理带来一定难度。二是已建安转工程的管理问题。分蓄洪区内已建的安转工程因管理主体不明晰，普遍存在管理职责不明、管理难到位的问题。目前，洪湖分蓄洪区已建的转移路桥、躲水楼等安转工程，既没有专项的维护经费，也没有落实管理责任，特别是随着新农村的建设和发展，安全转移路桥变成了县、乡、镇主要交通要道，工程损坏十分严重，部分工程也不能正常运转，一旦分洪，给安全转移留下严重隐患。

2. 缺乏工程维护管理经费的供给政策

洪湖分蓄洪区工程始建于 1972 年，由于受当时施工条件、建设资金、地理环境等因素影响，工程建设标准较低，加之已运行多年，工程维修养护工作量大、费用高。按照《水利工程维修养护标准》预算，湖北湖北省洪工局所辖工程每年约需维护费 500 万元，而省里在部门预算中仅解决堤防维护费 150 万元，由于工程维护经费不足，运转较为困难。

3. 工程建设遗留问题多，管理难度大

洪湖分蓄洪区二期工程未能按设计要求完成建设，部分工程不能验收或交付使用，确权定界不到位，权属不明，管理十分困难。目前，主隔堤仍有 8.9km 的大平台没有土地证，导致权属不清，管理受阻；还有新堤安全区围堤仅完成了 70% 的建设项目，已成为"半拉子"工程，地方政府与群众对此反响大，已建成的 10km 多堤段和平台不能办理有关权证，不能实行有效管理，违规侵占现象较严重。

（三）经济社会发展管理体制的缺陷

由于洪湖东分块蓄洪区独特的洪水特点和经济社会状况，必然对区内的经济社会活动的社会管理有更高要求，管理任务也有别于一般地区，既要对防洪工程进行管理，又要对区内的社会经济活动实施有效的管理。

1. 地方政府管理条块分割，导致经济无序发展

通过多年的实践结果可以看出，由地方有关部门负责的那些管理，都没有达到应有的效果，区内人口自然增长率远大于周边地区。多年来，对洪湖东分块蓄洪区的地位、作用认识不一，对洪湖东分块蓄洪区建设与管理重视不够，导致洪湖东分块蓄洪区社会管理工作意识十分薄弱。缺乏完善的管理体制，管理制度不健全，缺少相应的政策和具有法律效力的规定，缺乏强有力的政策手段，管理技术水平低。由于管理不到位，洪湖东分块蓄洪区内经济无序发展问题突出，存在盲目开发和建设、人口增长过快现象，致使洪湖东分块蓄洪区启用难度不断加大。

2. 缺乏公众参与分蓄洪区管理监督制度

分蓄洪区工程建设直接关系到当地居民的生命、财产安全，与当地居民的生活息息相关。调查结果显示，75%的受访者知道洪湖是分蓄洪区，但知道洪湖东分块蓄洪区的受访者就只有 57%，知道洪湖是全国重点分蓄洪区的受访者只有38%。由于不了解分蓄洪区工程，所以缺乏风险意识，更谈不上参与管理、监督了。所以当地政府及其有关部门应该重视采取各种措施增强分蓄洪区居民的风险意识，提高公众参与管理的程度。对于分蓄洪区的规划目标、人口控制和土地利用，以及经济社会管理政策、洪水风险状况、工程状况、避难及救援计划、应急预案等与群众生命、财产密切相关的内容，需要通过各种行政和媒体的宣传手段，及时、详尽地对社会公开，让群众了解分蓄洪区现状和各项政策，了解洪水风险程度，建立自律的规避洪水风险的机制，增强主动参与管理的意识。洪湖东分块蓄洪区工程设施应该实行专业管理和群众参与相结合的管理方式，明确管理机构、人员，经费来源和管理制度。严格执行洪水影响评价制度，建设企业和大、中型项目等基础设施，要依法进行洪水影响评价，安排可靠的防洪自保措施。

3. 缺乏稳定的资金投入机制

分蓄洪区承担分蓄流域洪水的任务是为全局利益做出的局部牺牲，因此，蓄滞洪区属于社会公益性事业。在蓄滞洪区防洪工程和安全设施建设、运用补偿等方面，建议地方政府要建立稳定的资金投入机制，体现中央"多予、少取、放活"的农业方针和"以工促农，以城带乡"的政策。应根据中央、地方事权和财权划分，增加各级政府对蓄滞洪区防洪建设的投入，国家应在预算内基建投资中加大对蓄滞洪区建设的投入力度，提高投资补助比例。要结合社会主义新农村建设，利用小城镇，加大在教育、医疗、卫生防疫等方面的投入，加快分蓄洪区公共服务和基础设施建设。同时要重视广泛利用国内、外的救援和慈善基金、扶贫基金、保险、融资等各种资金渠道支持分蓄洪区的建设和发展，完善由国家、省市财政

共同承担的蓄滞洪区运用补偿政策。探索在流域内实现上下游风险共担、防洪互助、受益地区给予合理补偿的协调机制。

4. 缺乏基于洪水风险的分蓄洪区产业规划

洪湖东分块蓄洪区要在政府的领导下，充分发挥政府宏观调控、市场引导的作用，通过建立财税、行政、金融等多种优惠扶持政策，调整区内产业结构，使之适应洪湖东分块蓄洪运用的要求。结合社会主义新农村建设，增加对安全设施、农业开发、教育、交通、卫生等方面的投入。

（四）专业管理机构和地方政府之间协调性不足

地方政府关心的是社会经济发展问题，分蓄洪区管理部门关心的是洪水防治问题，两者之间存在很大的矛盾。由于分蓄洪区管理部门和当地政府其他部门之间协调性不足，存在管理手段弱化的问题，致使执行力不强，导致分蓄洪区建设管理不规范，违规、违章行为频发，如主隔堤违章建筑和强耕乱种现象根本无法杜绝；分蓄洪区内大型基础建设由地方政府审批即可通过，而按照《湖北省分蓄洪区建设管理条例》规定，分蓄洪区内大型基础建设必须报分蓄洪区管理部门审批通过才能运行，这导致对影响防洪工程的建设无法实施有效监控。

第三节　洪湖东分块蓄洪区工程创造的条件和机遇

经访谈和问卷调查，深入分析洪湖东分块蓄洪区工程建设为其乃至洪湖分蓄洪区创造的经济、社会和环境条件和机遇。

一、洪湖东分块蓄洪区工程创造的经济条件和机遇

洪湖东分块蓄洪区工程项目包括"蓄洪工程"与"安全建设工程"两部分。整个项目估算总投资约 100 亿元。其中，"蓄洪工程"估算静态总投资 49.65 亿元。该工程的实施对地方的财政收入、经济增速、经济总量、城镇格局及三大产业等都会产生深远的影响。

1. 洪湖东分块蓄洪区工程建设可起到减少分洪损失的作用，有利于洪湖其他地区安全稳定发展

洪湖东分块蓄洪区工程是在洪湖分蓄洪区中划出的一小块，其自然面积、人口、

工农业总产值（含固定资产）分别只占整个洪湖分蓄洪区的1/3，1/4，1/5。洪湖东分块蓄洪区工程建设后，如遇1998年型特大洪水，只需运用洪湖东分块蓄洪区工程蓄洪即可，洪湖分蓄洪区还有2/3的区域可免受淹没损失。另外，洪湖东分块蓄洪区工程建设后，提高了大分蓄洪区中其他地区（2/3的区域）的安全系数，既降低了这一区域分洪运用的概率，同时，也有利于这一区域内的经济稳定发展。由此可见，洪湖东分块蓄洪区工程建设对于整个洪湖市经济的发展有着极大的促进作用，可以增加洪湖东分块蓄洪区以外的洪湖其他地区的招商引资，加大资金的投入，同时也可以吸纳洪湖东分块蓄洪区内劳动力去就业，增加居民的非农业收入。

2. 洪湖东分块蓄洪区工程建设对加快其地方经济安全发展起到积极的促进作用

（1）增加该区域群众生命、财产的安全保障系数。"蓄洪工程"将加固东荆河堤防43km，主隔堤10km，可提高该堤防的防洪标准和该区域抗御特大洪水的能力，可增加该区域群众生命、财产的安全保障系数。同时，该工程可降低洪湖市的防洪压力，以及用于防汛的人力、物力、财力的投入。

（2）改善交通，方便当地群众出行及农副产品、水产品运输。"蓄洪工程"将修建东荆河堤，主隔堤和腰口隔堤总长70多千米的堤顶公路，"安全建设工程"还将建设多项转移路桥工程，可疏通防汛通道，改善地方交通，方便群众出行及农副产品、水产品运输，扩大物流贸易，带动地方经济发展。受访者调查结果显示，对于目前洪湖东分块蓄洪区农业经济发展受限的原因，32%的受访者认为交通不便是一个重要因素。而前面的调查结果显示，洪湖东分块蓄洪区的居民收入主要来自农业；而从事特色农产品生产的调查对象中，同样显示因为交通不便，而没有继续加大资本投入。因此，在工程完成后，便利的交通必然有利于当地经济的发展，特别是有利于农业经济的发展。

（3）有效解决洪湖地区多年内涝严重的局面。洪湖东分块蓄洪区的大部分乡镇处于四湖下游地区，且地势低，稍降大雨就极易形成内涝，每年防洪、排涝的任务十分艰巨，为此投入的人力、财力、物力也很大，区内群众疲于防洪、排涝，严重影响了生产。洪湖东分块蓄洪区工程计划建设两座210个流量的大型泵站，增加了区内排涝能力，提高区内抗灾标准，有效缓解洪湖地区多年内涝严重的局面。调查结果显示，对于目前洪湖东分块蓄洪区农业经济发展受限的原因，38%的被调查人员认为防洪、排涝任务重、压力大是一个重要因素。而前面的调查结果显示洪湖东分块蓄洪区的居民收入主要来自农业，在从事特色农产品生产的调查对象中，笔者发现他们也有因为防洪排涝任务重、压力大的原因而没有继续加大资金投入。因此，在工程完成后，随着区内排涝能力的增加和区内抗灾标准的提高，洪湖地区多年内涝严重的局面将有效得到解决，必然有利于当地经济的发展，特别是有利于农业经济的发展。

（4）恢复水系工程，可改善地方农田水利基础设施建设。洪湖东分块蓄洪区恢复水系工程规划修建小型涵闸 49 座，疏挖、新挖渠道 172.37km，新建和改造小型涵闸 18 座、抽水泵站 78 座，新建小型桥梁 118 座。调查结果显示，对于目前洪湖东分块蓄洪区农业经济发展受限的原因，38%的受访者认为农业水利建设滞后是一个重要因素。而前面的调查结果显示，洪湖东分块蓄洪区的居民收入主要来自农业，从事特色农产品生产的调查对象也有因为农业水利建设滞后的原因而没有加强投入。因此，在工程完成后，这一批水利基础设施的建设，将彻底改变这片区域农田水利基本建设面貌，为社会主义新农村建设打下良好的基础。

（5）安全工程建设启动后，可为洪湖东分块蓄洪区的地方经济提速发展做出贡献。洪湖东分块蓄洪区安全建设包括修建大批转移道路和桥梁，以及建立若干个安全区，这些工程的建设可为该区域的地方经济发展做出贡献。具体来说，修建大批转移公路道路和桥梁，可改善区内交通、扩大物流贸易、带动经济发展；修建安全区，可增大城市规模，实现招商引资，企业落户；同时工程还将统一建设供、排水设施，供水设施均采用无塔供水，供水规模在 60 户以下的采用管型机井供水设备，供水规模在 60 户以上的采用管型机井变频供水设备；安全区开挖深井，配备无塔供水设备。安全区排水结合安全区所在城镇的城镇规划，在安全区内纵横设置排水沟，对无排涝设施的安全区新增排涝泵站，从而使分蓄洪区内群众安居乐业，增加其生命、财产的安全保障系数。

二、洪湖东分块蓄洪区工程创造的社会条件和机遇

洪湖东分块蓄洪区工程建设的巨大投入，可以增加地方税收。该工程规划建设投资约 100 亿元，地方可实现税收 6.51 亿元（其中建安税 5 亿元、耕地占用税 1.51 亿元），税收将起到拉动地方经济发展的积极作用，对就业状况也会产生重大的影响。另外，安置转移工程的完成，对居民生活水平、人口与社会保障、人居环境、公共服务，以及就业状况都将产生重大的影响。

（一）工程建设期间及完工后，可促进劳动就业

洪湖东分块蓄洪区工程建设的巨大投入，可以增加居民的就业机会。调查结果显示，63%的受访者认为可以为工程建设提供劳动服务增加自己的收入；42%的受访者认为可以为工程建设提供餐饮服务增加自己的收入；56%的受访者认为可以为工程建设提供零售服务增加自己的收入；28%的受访者认为可以为工程建

设提供住宿服务增加自己的收入（图 3-1）。工程完工后，通过招商引资和旅游开发，在一定程度上可以改善当地产业结构，增加居民的就业机会。由此可见，工程建设可以大大增加当地居民的就业机会，从而增加居民的收入。

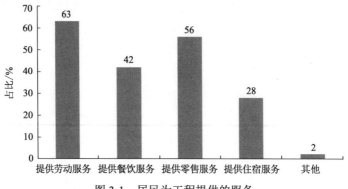

图 3-1 居民为工程提供的服务

（二）改善居民生活质量

洪湖东分块蓄洪区工程建设的巨大投入，可以增加地方税收，从而使得地方政府有能力提供更好的公共服务，改善居民的生活质量，增加当地居民的社会保障水平。工程完工后，特别是安全工程完工后，城镇化建设会获得很大发展，居民居住会相对集中一些，相应的公共服务设施会比较完备，居民生活水平会得到相应的提高，人口和社会保障会有所改善。

（三）带动公共服务业

洪湖东分块蓄洪区居民认为，当地应该发展但缺乏发展的服务业是医疗卫生（63%的受访者意见）和教育（47%的受访者意见）。由于城镇化的滞后，居民居住不集中，医疗卫生和教育服务供给严重不足在当地已经成为非常严重的问题。"小病不看，大病上武汉"是一种常态，这种心态也导致政府降低对当地医疗的投入；义务教育服务业也是如此，很多的中小学校或撤销或合并，主要是由两方面原因造成的，一方面是新生人口的减少，另一方面是当地政府对教育资源的投入力度不强。随着安全工程建设的完成，城镇化必然会得到发展，居民居住相对集中，医疗卫生和教育服务必然会有所改善。38%的受访者认为工程完工会促进医疗卫生行业的发展，35%的受访者认为工程完工会促进教育基础的提升。

（四）促进第三产业发展

公共服务业以外的第三产业在当地也是非常落后的，无论是交通运输、商业、旅游等传统行业，还是金融、信息等现代服务业，都是比较落后的。对于工程完工后第三产业的发展，居民也寄予了深切期望。59%的受访者认为可以在工程完工后发展堤防旅游，增加居民的收入；61%的受访者认为工程完工后城镇化建设会带来商业、物流业的发展，方便人们的生活，增加收入。还有一半的受访者认为可以发展特色农业，如发展农业生态旅游，从而增加就业和收入。

（五）人居环境会有所改善

由于城镇化滞后、居民分散，带来了一系列的社会问题。调查结果显示，60%的受访者愿意去安全区就业并居住，所以工程完成后城镇化建设将会获得快速的发展，当然这还取决于城镇化的规划和一系列的配套政策措施。一系列水利工程的建设也将改善水循环，减少血吸虫等环境污染。一系列安全工程也会改善交通运输条件。由此可见，当地的人居环境也会随着工程的完工而有所改善。

三、洪湖东分块蓄洪区工程创造的环境条件和机遇

对于工程建设完工后洪湖东分块蓄洪区会产生什么样的影响问题，据调查结果显示，26%的受访者认为江河湖泊中的血吸虫会更加泛滥，47%的受访者认为工程建筑垃圾会更多，54%的受访者认为水污染会更加严重，36%的受访者认为农田农药残留污染会更加严重，25%的受访者认为空气污染会更加严重，36%的受访者认为城镇化污染会更加严重（图3-2）。

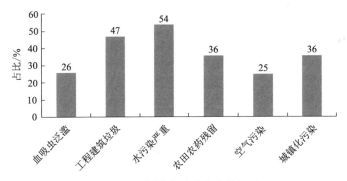

图 3-2　工程结束后对生态的影响

（一）水资源污染可得到缓解

从调查结果来看，54%的受访者认为工程完工后水污染会更加严重，其实不然。虽然工程建设对分蓄洪区内的原有水系造成了一定的破坏和影响。但工程完

工后，会新增 2 座 210 个流量的大型泵站，大幅度增加了区内的排涝能力，小型涵闸 49 座，疏挖、新挖渠道 172.37km，新建和改造小型涵闸 18 座、抽水泵站 78 座。通过这些工程的恢复建设，不仅使原有水系得到恢复，而且通过优化设计和恢复建设，提高了部分工程的标准，使区内水系更加完善，效率得到进一步提升，必然会缓解水资源的污染。受访者受限于专业知识，对工程项目不了解，才会产生如此担忧，这需要政府部门平时的宣传解释，争取群众更大的支持。

（二）工程建设过程对环境污染令人担忧

施工可能会带来建筑垃圾、粉尘污染、噪音污染，以及土地开垦难度加大等新的问题。调查结果显示，47%的受访者认为工程建筑垃圾会更多，25%的受访者认为空气污染更加严重，这样的担忧并不是不无道理。现在农村的各种工程建设由于野蛮、粗放式施工，会产生各种建筑垃圾，严重破坏环境，破坏农田的有效耕种面积。比如，横穿整个洪湖东分块蓄洪区的某条高速公路的修建就产生了类似的问题。因此，在以后的分蓄洪区的工程建设中应注重对环境的保护。

（三）城镇化污染加剧

洪湖东分块蓄洪区工程完工后，随着城镇化、工业化的发展，可能会带来城镇化的污染问题。调查结果显示，有 36%的受访者持有这种看法。因此，合理规划城镇化建设，注重招商引资的产业结构，避免城镇化、工业化带来的污染问题，是当地政府需要重视的事情。

第四章

国内外流域分蓄洪区建设和发展政策比较

本章以美国、日本等国家，以及国内淮河流域与其他江河中下游流域分蓄洪区为对象，深入分析和比较各地治理体系、土地利用管理、洪水预报预警措施、洪水风险图、生态环境保护措施、社会减灾责任、规划及评估、洪水保险、政策法规等蓄洪区治理措施。通过案例分析，从地理环境、人口、经济发展差异、文化、体制机制等角度系统比较国内外之间、发达国家和发展中国家之间，国内不同流域之间的分蓄洪区治理和管理模式。

第一节　国外分蓄洪区建设和发展政策经验

国外许多国家，特别是有大河流流经的国家，都存在洪水问题。通过长期的防洪实践，人们已逐步认识到防御洪水不能单一地采取"兵来将挡，水来土掩"的治水方法，而应遵循洪水的运动规律，因势利导，以最大限度地减少洪灾损失为最终目的。比如，荷兰在进行防洪决策和防洪措施设计时，特别强调"可持续水管理"战略，该战略中最重要的一点就是要"给河流以空间"。国外许多国家的防洪机构认为，目前防御洪水的最佳方案为采取工程防洪措施与非工程防洪措施相结合的方法。蓄滞洪区作为一种工程防洪措施与非工程防洪措施相结合的手段，越来越受到各国的重视。

美国、日本、埃及、英国等国家在流域的防洪减灾体系中也少量设置蓄滞洪区，并对蓄滞洪区实施严格的管理，根据受洪水威胁的风险程度，绘制洪水风险图，规定什么范围内不能居住，在进入汛期时完全封闭，非防汛人员不得进入，并在交通路口设卡管理。蓄滞洪区内设有明显的警示标志，并有播音站发布警告，蓄滞洪区在决定分洪前，派出警报车，清除区内人员，对于未明确划定为蓄滞洪区而可能行洪的低洼地区，日本、美国两国都提出住宅建筑要求，对房基高度、耐水强度都有明确要求，如必须建筑多层住宅，而第一层不能居住等。澳大利亚在无人居住的地方划分出一些区域作为临时滞蓄洪水的地方,将其开发为湿地,存储水资源,以改变区域生态环境。

(一) 日本渡良濑滞洪区经验

日本蓄滞洪区土地由国家收购,属蓄洪专用土地,个人无土地使用权,不能在其中建设住宅,一般情况下除汛期分洪外,平时可作为自然保护区,可在其中野营、垂钓、休闲等,大力发展旅游业。比如,渡良濑滞洪区,历史上为沼泽湿地,设置为滞洪区后部分土地被围垦耕作,并形成村落、城镇。后来经过分区建设,将区内原有居民渐次迁移到周边高地,以及开挖人工湖泊所填起的台地之上,开挖了兼具生态修复、城市供水、河道流量维持、旅游等多目标利用的人工湖泊。滞洪区移民单靠旅游的收入已远超过原来从事农业生产的收入,使得滞洪区得到良性发展。

渡良濑滞洪区是日本最大的蓄滞洪区,位于日本最大流域利根川的中部,渡良濑川、思川和巴波川三条河流的汇合处,渡良濑川和利根川汇合处的上游,距东京市约 60km,总面积 33km^2。

历史上,渡良濑滞洪区附近为沼泽湿地,地势低洼,是天然的洪水滞蓄之处。由于渡良濑川上游建有足尾铜山,发生洪水时,携带大量污染物的洪水对河川两岸农田曾带来过毁灭性的破坏,严重影响了当地居民的身体健康和人身安全。当时的政府为了发展经济,追赶西方发达国家,无暇顾及灾害治理。18 世纪初,一些有识之士开始向日本政府建议治理渡良濑川。1902 年,一份关于铜山污染的调查报告提出了修建渡良濑滞洪区的建议。

1905 年,日本政府首先在当时的谷中村开始征地,给予足够的赔偿将规划的蓄滞洪区内的居民向区外迁移,当时也有部分居民提出抗议并有少部分人拒不外迁,政府只得动用强制性措施迫使其离开蓄滞洪区。

1911 年开始蓄滞洪区的藤冈引水渠和滞洪区围堤建设,到 1926 年渡良濑滞洪区初步建成。为提高蓄滞洪区利用效率,1963 年日本政府对该滞洪区进行了重新规划建设,将其分隔为三个子区,第一、第二、第三子区分别于 1970 年、1972 年和 1997 年建成。沿河道两岸建有分洪堰,洪水超过堰顶,自然溢流入各子区。洪水过后,通过三个子区的排水闸将区内洪水排向河道。蓄滞洪区除具有防洪功能外,还有改善生态环境、净化水质、休闲娱乐、美化景观、调节河道径流和供水等功效。自 1973 年起,日本对渡良濑滞洪区开始了综合开发利用,在第一子区的南侧开挖了一条总蓄水容量为 2640 万 m^3 的人工湖泊——谷中湖,湖区水面面积 4.5km^2,水深 6.5m 左右,并修建泵站将渡良濑川的河水引入谷中湖。2001 年

9 月 11～15 日台风来临之际，渡良濑滞洪区按照规划运用，保障了利根川和下游城市的安全，发挥了显著的防洪作用。

渡良濑滞洪区的主要作用是防洪和供水，并兼顾生态修复、河道流量维持和旅游等目标。渡良濑滞洪区的防洪作用是为了削减渡良濑川、思川和巴波川的洪水对利根川的影响，滞纳这三条支流的洪水。来自这三条河流的洪水经渡良濑滞洪区滞蓄后，使得利根川栗桥站的洪水流量不超过 17 000m³/s，保证了利根川两岸的安全。三个滞洪子区在汛期时可以提供约 1.768 亿 m³ 的调洪容量。汛期时谷中湖将水深降至 3m，洪水由溢流堤流入谷中湖，此时谷中湖用于调洪，可以提供调洪库容约 1000 万 m³。

谷中湖除了担当防洪任务外，还以日均 388 万 m³ 的供水量承担着利根川下游和江户川两岸城市约 1000 万人的用水。为保证谷中湖的供水水质，日本采取了三种主要措施：一是修建了谷田川与渡良濑川之间的分水设施，保证只有水质相对优良的渡良濑川河水才能进入谷中湖。二是在谷中湖的北部种植了大片的芦苇。平时，经引水渠将渡良濑河水引入芦苇区净化，净化后的河水再经闸门排入谷中湖。谷中湖与芦苇区间通过水泵维持水循环，使水不断得到净化。三是在谷中湖之上建有人工生态浮岛，通过种植芦苇等植物，其根系附着微生物，可提供充足的氧气，并通过迁移、转化水中的氮、磷等物质，降解水中的有机质。谷中湖建成后，不仅供水水质得到了提高，动、植物的生态系统也得到了极大改善，这里的动、植物种类明显增多，可以看到绿头鸭、针尾鸭等禽类，以及芦燕、白头鹞和鸢等鸟类，而且渡良濑滞洪区建成后，旅游、观光人数也逐年增加。

（二）美国密西西比河滞洪区和行洪区经验

在美国，洪泛平原是指因发洪水而可能受淹的海岸、湖岸及沿河低地，一般指 100 年一遇洪水位以下的地带，它类似于我国的防洪区，分为行洪道、蓄滞洪区和洪水边界区。其中，蓄滞洪区是指受防洪堤保护但遇较大洪水时用于有计划分洪、滞洪的地区。对于不适合居住的土地，由国家给予一次性补偿，原土地所有者仍可以有条件地使用土地，但通过高额保险费率及收购高风险房产的办法，促使居民迁出蓄滞洪区。对于仍居住在不安全地带的居民，政府负责向其及时通报汛情，提醒其注意安全。由于土地私有化，征收土地费用较高，美国很少有大面积的蓄滞洪区，但是在用其他手段难以解决洪水出路时，也会设置少量蓄滞洪区，如在密西西比河下游设置了滞洪区和行洪区，在 1973 年和 1993 年洪水期间均发挥了重大作用。1995 年，美国《1999 年国家洪泛平原管理统一规划》首次主张"制定更全面、便协调的措施保护并管理人与自然系统，以确保长期的经济与生态的可持续发展"。

除密苏里河多为融雪洪水及河口附近有风暴潮外，密西西比河其余区域的洪水均为暴雨洪水。在下游冲积平原上，河道蜿蜒，泄洪能力不足，而两岸又多为城市和工业区，因此，洪灾频繁发生，灾情严重。例如，1927 年洪灾，下游淹地67 340km²，财产损失 15 亿美元，死亡 200 多人；1993 年大水，造成 110 亿美元的财产损失，死亡 43 人。

为处理超过河道泄洪能力的洪水，美国在密西西比河下游设置了滞洪区和行洪区，包括新马德里蓄洪区（New Madrid Floodway）、邦尼特卡雷行洪区（Bonnet Carre Floodway），以及由西阿查法拉亚行洪区（West Atchafalaya Floodway）和莫甘扎行洪区（Morganza Floodway）组成的阿查法拉亚行洪区（Atchafalaya Floodway）等。邦尼特卡雷行洪区设置于距新奥尔良上游 40km 处，经庞恰特雷恩湖（Lake Pontchantrain）分流入海，可保护新奥尔良市的安全。其曾于 1937 年、1945 年、1950 年、1973 年、1975 年、1979 年、1980 年和 1993 年启用 8 次，发挥了规划预期的功能；由西阿查法拉亚行洪区和莫甘扎行洪区组成的阿查法拉亚行洪区兼有分洪和滞洪两大作用，通过干流泄流入海，可保护巴吞鲁日至新奥尔良干流两岸的大片工农业区的安全。发生特大洪水时，按照规划莫甘扎行洪区将先于西阿查法拉亚行洪区发挥作用。新马德里蓄洪区面积约 600km²，设于俄亥俄河汇口处的右岸。因开罗（Cario）至新马德里区间河道行洪能力较低，为保护密西西比河及俄亥俄河沿岸城市，设置了该蓄洪区。蓄洪区进口和出口处堤防略低，发生大洪水时可自动冲开。1973 年和 1993 年洪水期间，该蓄洪区都发挥了重大作用。

在设置分蓄洪区时，美国政府采取一次性赔偿措施获得区内土地的分蓄洪使用权，并将区内居民迁出，不允许再居住，全部开发成农田或森林。区内土地的原所有者仍然可以经营分蓄洪区农田，但风险自担。蓄洪区和行洪区启用前 1 周或 2 周要向土地经营者发出警报通知。

（三）英国城市洪水风险管理的基本经验

英国很早就建立了较为完备的洪水风险管理机制，能够保证防洪策略的有效贯彻。在英国，洪水管理的主要原则是"中央政府主导，地方政府属地管理"，即在洪水发生后，由所在地方政府负责协调应对，不依赖国家层面的机构。但由于地方的医院、警察局等组织并不隶属于地方政府，为了能采取协调一致的行动，中央政府会指派环境、食品和地方事务部（Department for Environment, Food and Rural Affairs, DEFRA）帮助地方政府处理危机情况，在必要时进行协调并提供指导意见和建议。另外，英国中央政府常设"内阁应急委员会"，是英国政府处理危机的最高机构。各个地方都建立了由"紧急规划长官"负责的紧急规划机构，负责危机预警、制订工作计划、公布安全战略、进行应急训练、提供救援支持等。除了政府建立常备应急机制外，一些大型公司甚至社区都有相应的应急措施，真正做到了应急机制的多渠道和长效性。

英国法律制度较完善，但由于其实行不成文宪法，故法律体系过于分散。2004年1月通过的《国民紧急状态法》整合了已有的专门法律，重新构建了以该法案为中心的紧急状态法律体系。该法案强调预防灾难是应急管理的关键，也明确规定了地方和中央政府对紧急状态进行评估、制订应急计划、组织应急处置和恢复重建的职责。在这个基本法出台后，政府又相继出台了《应急管理准备和响应指南》《应急管理恢复指南》《中央政府对突发事件响应的安排：操作手册》等法规和文件，使中央政府应急管理能力得到了提高。

英国大约有10%的财产位于泛洪区，另外，自2000年以来，11%的新房产都建在洪水灾害地区。大量资产及洪水风险地区的开发管理都强调了强有力的规划控制的重要性。英国是城市规划立法非常完备的国家，2004年，先后发布《规划政策声明11：区域空间战略》《规划与强制购买法》和《城乡规划条例（区域规划）（英格兰）》，新的区域规划体制被完整地建立起来。2006年，英国政府发布《规划政策声明25：发展与洪水风险》，将发展区域进行不同的洪水分区，系统分析了英国面对的各种洪水风险，以及各级别的规划需要配备哪些洪水风险的评估等内容。

（四）莱茵河流域蓄洪管理经验

莱茵河流域的防洪体系主要由堤防工程、蓄滞洪区和洪水预警系统组成。在形成这一防洪体系的过程中，流域各国均曾走过弯路。当初，为使洪水不致泛滥成灾及开垦利用沿河湿地，政府对河道进行大规模"裁弯取直"的整治，封堵了大量的支流及河网，干流上下基本形成单一河道，与此同时，通过修筑防洪堤对两岸的土地进行防护。这些措施对提高河道的宣泄能力，减轻洪水的泛滥程度起到了一定的作用，但远未能达到预期的目标，而成片湿地及部分生物种群消失的生态恶果则日渐显现出来。为此，给洪水寻找合理出路的问题再次受到重视，恢复流域生物种群，维持生态平衡的问题同时也被提上了议事日程。其中，为洪水寻找出路的主要方案就是开辟蓄滞洪区，以蓄滞干流"宣泄"洪水。

目前，莱茵河沿岸已开辟蓄滞洪区10多处，计划还得新增3处。蓄滞洪区建有进、退水闸，设防标准一般为10年一遇，需要启用时，进、退水闸同时打开，使蓄滞的洪水呈流动状态。另外，从维持自然生态平衡的角度出发，即使在不需启用的情况下，每隔3～5年也会对蓄滞洪区进行一次充水，以使区内的动、植物能适应洪水。同时，通过经常性地充水，可以及时发现和处理蓄滞洪区存在的问题。

（五）德国蓄洪区管理经验

德国的蓄滞洪区平时可作为自然公园用，一旦洪水来袭时，又可以蓄滞洪水，削减洪峰。

2002年8月，德国、奥地利、捷克三国发生了百年不遇的特大洪水，德国历史上兴建的一些分洪工程，在该次抗洪斗争中发挥了重要作用。比如，马格德堡市1875年建设的分洪闸，在2002年的大洪水中开闸分洪，降低马格德堡市水位约50cm。1926年，德国在哈弗尔河汇入易北河的地方动工开挖了一条运河，将哈弗尔河的入口向下游移了7km，同时兴修了4座控制性水闸。而过去哈弗尔河入口沿岸的易涝低地则被改建成6个分洪大垸。2002年8月18日，德国在易北河洪水大而哈弗尔河洪水小的情况下，开闸分易北河洪水入哈弗尔河，最大分洪流量达到700m³/s。倒灌的洪水再分蓄到几个大垸中，其中面积最大的3、4号垸采取了炸堤分洪的方式。这些大垸自1954年建成以来是第1次分洪运用。哈弗尔河的分洪措施为减轻下游河段的防洪压力，发挥了关键性的作用。

（六）法国蓄洪区管理经验

法国在防洪政策主要文件中明确规定：禁止在水灾严重的区域建设任何新工程，保护与水相关的景点与环境。将城市较低的地区或河道两岸滩地开辟成公园、绿地、球场、停车场、道路等，平时作为娱乐场所，发生洪水时作为调蓄洪水的场所。对蓄滞洪区内的土地管理也非常严格，所有的蓄滞洪区都能正常运用。

法国提出的禁止在易遭水灾的洪泛区进行城市建设的措施在蓄滞洪区的管理中发挥了重要作用。该措施提出了要求达到的三个目标、采取行动的三项原则及采用的方法。

一是要求达到的三个目标：禁止在人员安全得不到保证的地区安置居民，不管这个地区怎样治理，均要限制在易遭水灾的地区安置居民；保持河道内的过水和洪水扩张的能力，保护上游和下游地区；保护依靠小洪水维持环境平衡和自然风光的地区。

二是采取行动的三项原则：在已经遭受过洪水泛滥的地区禁止新增建筑物，从而减少这些地区的脆弱性，在其他有洪水危险的地区，也严格限制新建筑的施工；停止城市向洪泛区的扩展；禁止修建对保护城市居民区无用的新堤坝。

三是采用的方法：绘制洪水风险图，按规定标注风险区域图；改建洪水危险区的住宅，加强洪水预报和预警系统；对现有的堤防进行维护和加固；维护和恢复河流的自然状态；修建削减洪峰工程；有效控制径流；恢复洪泛区的自然特征，保持洪泛区的生态平衡；通过采用自然灾害保险制度的方法来赔偿灾害损失。

第二节　国内分蓄洪区建设和发展政策经验

对分蓄洪区的称谓，我国七大流域有所不同。例如，长江流域称为"分洪区"或"蓄滞洪区"，如荆江分洪区、钱粮湖蓄洪垸、洪湖东块蓄滞洪区等；黄河流域称为"滞洪区"，如东平湖滞洪区；海河流域称为"泛区""分洪区"或"蓄滞洪区"，如永定河泛区、小清河分洪区、文安洼蓄滞洪区；淮河流域称为"行洪区""蓄洪区"或"滞洪区"，如董峰湖行洪区、蒙洼蓄洪区与泥河洼滞洪区等。一直以来，水利行业的专家和学者们十分关注分蓄洪区，对分蓄洪区在流域防洪体系中的作用、区内安全建设、补偿机制、移民建镇、生态修复、洪水保险等进行了大量研究。此外，由洪湖市人大、洪湖市防办、湖北省洪工局众领导与湖北工业大学组成的课题小组，于2015年8月4～7日，前往蒙洼蓄洪区与泥河洼滞洪区进行为期4天的调研，了解蒙洼蓄洪区与泥河洼滞洪区在解决洪灾，安置移民，发展经济中的困难，学习其分蓄洪区建设和发展经验。

一、安徽董峰湖行洪区经验

董峰湖行洪区是我国的行蓄滞洪区管理改革探索的开始。其位于安徽境内的董峰湖为5年一遇行洪区，属安徽省凤台县毛集镇管辖。毛集镇位于淮河与西肥河交汇处，1993年建镇，总面积65km²，人口44 149人，耕地3730hm²，其中包括董峰湖行洪区的27km²，人口21 540人。镇区常住人口8675人，其中非农业人口2812人，按规划至2010年镇区人口将达215万人。与长江滩区和其他洪水高风险区类似，董峰湖由于经常分洪，区内居民相对贫困，为缓解行洪区发展与分洪之间的矛盾，毛集镇计划配合小城镇建设和发展。将董峰湖行洪区内缺少保障的4个村的7500人（其中劳动力4068人）迁入镇区。居民搬迁后，原有的680hm²耕地由搬迁户中的800户（劳动力1700人）承包，户均约0.19hm²，年均收入可达2万元。

二、大黄铺洼蓄滞洪区经验

大黄铺洼蓄滞洪区作为国家"十五"攻关项目、"蓄滞洪区洪水安全利用示范"专题，配合海河流域水生态修复规划，将蓄滞洪区有效运用、洪、污水资源安全利用，生态修复和区域可持续发展等多项目标融为一体，以期为国内流域蓄滞洪区探索出一种可行的管理模式。

大黄铺洼蓄滞洪区位于北运河中下游青龙湾减河与北京排污河之间，是北运河综合防洪体系的组成部分。大黄铺洼地势东北高，西部及西南部低，洼内最低高程为 110m 左右。大黄铺洼蓄滞洪区涉及天津 3 个县的 10 个乡（镇），包括 83 个村庄，区内有耕地 7687hm²，截止到 2000 年，区内人口 48 887 人。1983 年，天津市兴建"引滦入津"输水工程，其明渠将大黄铺洼分成上、下两个独立的滞洪区，并在上区东南角建成为尔王庄水库，占地 11 105km²。目前，上下区面积比例约为 3:2。通过对大黄铺洼的改造，期望达成以下四个相互关联的目标。

1. 湿地修复

大黄铺洼是海河流域水生态恢复规划中拟部分恢复湿地的滞洪区，在防洪规划中，计划沿四高庄、四蒲棒村西侧建隔堤，将大黄铺洼上区再分为东、西两区，西区规划为大黄铺洼滞洪水库，东区仍保留为滞洪区。总滞洪容积 3170 亿 m³，其中滞洪区水库水面面积 4810km²，蓄水位 410m，库容 1144 亿 m³。湿地供水来源有三处：青龙湾减河的不定期洪水、北京排污河的常年由北京排出的污水和当地涝水。在汛期时，北京排污河也容纳城市的雨水和洪水，所以水量会更大一些。维持湿地主要依靠北京排污河来水，洪水资源化则依赖洪水的合理引入和利用。

2. 蓄滞洪区正常运用

在上游水库大量建成，以及因干旱造成径流系数成倍减少以后，下游蓄滞洪区蓄水运用机会相对减小。1970 年以后在人口压力、洪涝特性变化、单一目标工程建设和发展薄弱等多重因素的影响下，海河流域包括大黄铺洼在内的原为洼淀湿地的蓄滞洪区，渐次干涸、围垦，成为耕地，人口聚集，形成村落，使主动分洪面临经济损失和社会问题。《蓄滞洪区分洪补偿暂行办法》颁布实施后，更增加了地方和国家的分洪赔偿负担。蓄滞洪区分区和平原水库建成后，经常蓄水运用的平原水库部分，其产业结构基本与洪水相适应，分洪损失可大幅度减少，并为洪水的资源化利用提供了条件。

3. 尽可能实现洪水和污水的安全利用，改善生态环境

平原水库和湿地形成以后，汛期中、小洪水发生时，可相机引洪入库补充湿地用水和将其相对安全地转化为水资源。借助于洪水预报和平原河网调度，也可在发生需要蓄滞洪区滞洪的超标准洪水的情况时，预泄库内存水，空库迎

洪。对于经常引用的污水水源，在引水口附近设置物理和生物净化污水的功能区，使净化后的污水达到安全使用标准。

4. 开发与湿地资源相适应的特色经济，推进蓄滞洪区可持续发展

在京津近畿恢复的湿地和平原水库，将成为一种具有开发潜力的资源，带动与之相适应的湿地经济，如水产业、养殖业、旅游业，也可推进当地城镇化的进程，为蓄滞洪区探索一种改造和可持续发展的途径。

为实现蓄滞洪区多项目标利用，将东区（湿地区）划分出以下几个功能区。①污水净化区：该功能区沿北京排污河布置，由引水设施，曝气沉淀池，堆石过滤区，芦苇、浮萍等具有较强净化能力的水生植物净化带等组成，污水经过该区后，应达到Ⅲ类水标准。②水陆两相湿地区：污水流经净化区后，进入水陆两相湿地区。该区陆相由大量高出正常水面的孤立小丘和曲折的岸线构成，水相部分养殖鲤鱼、鲫鱼、青鱼、鲢鱼等家鱼，以及鸭、鹅等家禽与经济类水生植物，并为水鸟提供良好的栖息环境。该区将进一步净化水质，污水经过该区后，水质达到Ⅱ类水标准。③高价值水产养殖区：污水流经以上两区后，其水质已达到蟹、虾和净水鱼类养殖标准。④水上休闲娱乐区：该区为旅游经济的组成部分之一，主要是吸引游客和为游客提供水上休闲娱乐场所和有关水上活动项目。⑤天然景观湖区和度假村：天然景观湖区主要以体现自然景观和生物多样化为主题，是旅游经济的主要组成部分。在该区拟规划若干小岛，建设度假村和景观区。⑥移民生态农业示范区：紧邻湿地区东侧，规划移民区和生态农业示范区。沿湿地东隔堤填高地面，建设移民小区，安排由湿地区迁移出来的群众（约 3000 人），移民主要依赖湿地养殖业和旅游业生存与发展。划为生态农业示范区内的群众借助湿地净水资源的优势，开发绿色农业经济，实现可持续发展，为其他蓄滞洪区发展模式的探索提供范例。

三、阜南县蒙洼蓄洪区经验

蒙洼蓄洪区是淮河流域第一座调洪设施和安全屏障，也是淮河干流运用最频繁的蓄洪区之一。蒙洼蓄洪工程兴建于 1951 年，防洪大堤长 95km，其中淮堤长 51km，蒙堤长 44km，保护面积 181km^2，辖 7 个乡镇，1 个阜蒙农场，人口 16.2 万人，耕地 18 万亩。设计蓄洪水位 27.5m，设计库容 7.5 亿 m^3，当蓄洪水位达到 29m 时，库容可达 9.6 亿 m^3。自建库以来，有 12 年 15 次蓄洪，为削减淮河洪峰，确保淮河两岸工农业生产、交通运输及主要城市的安全，做出了巨大的牺牲和贡献。

此外，被誉为"千里淮河第一闸"的王家坝闸是蒙洼乃至淮河最重要的水利枢纽工程之一，直接受国家防汛抗旱总指挥部指挥调度，自建闸后到目前为止共

11 年 13 次开闸泄洪，为淮河防汛抗洪发挥了巨大的社会作用。由于其地处中上游分界处，而上中游也是淮河洪涝灾害易发区域，因此王家坝闸的知名度要远远高于淮河的其他分洪闸（图 4-1）。

图 4-1 王家坝闸

经历多年的发展，蒙洼蓄洪区已积累了大量建设和发展经验。

（1）大力培育洪水文化，发扬"舍小家，为大家的顾全大局精神；不畏艰险、不怕困难的自强不息精神；军民团结、干群同心的同舟共济精神；就是尊重规律、综合防治的科学治水精神"的"王家坝精神"，并在推广、宣传工作方面上，通过建设爱国教育基地、开办王家坝防汛抗洪展厅、拍摄《王家坝》电影等手段，使得"王家坝精神"远近闻名（图 4-2）。

图 4-2 "王家坝精神"推广手段

（2）大力发展文化旅游、生态旅游，依托"王家坝精神"，打造花园式闸管所，院内各类观赏花、草、树木郁郁葱葱，争奇斗艳，亭台、楼榭相映成趣，每逢汛期，这里是各级领导指导防汛、抗洪时下榻的地方，也是阜阳市旅游的一大亮点。

（3）在工程建设方面，和当地所在地经济发展规划有效结合。区内农田、交通、供排水等基础设施建设推进工作进展迅速，同时建设大量的安全台和少数的安全区，在安全区内提供教育、医疗等公共服务基础设施，有效确保了当地群众的安全、居住权利。

（4）在社会经济活动方面，城镇化建设取得一定成效。在安全区内，开始着手推进新型城镇化建设，实行功能分区的空间格局，建设生态、宜居的移民小镇。在安全区内，大力发展特色农业，如辣椒、蘑菇等，以及畜、禽养殖，水产养殖，制定政策引导农民种植耐水性农产品，解决洪水退后的补种改种，以及相应的灾后农业生产技术推广工作，有效确保当地居民的发展权（图4-3）。

图4-3　蒙洼蓄洪区特色农业发展

（5）在人口迁移和控制方面，大力鼓励农民外出务工，外出务工人口已达到总人口的 44.6%。随着非蓄洪区的中心县城的城镇化、工业化推进，经济开发区的企业招工需求，以及保障性住房的供给等都为不断地吸纳蓄洪区内的人口转移提供了有力的保障。

（6）在补偿政策方面，已经形成一系列完善的规章、制度，在具体展开补偿工作时，如损失计算、财产权登记、补偿范围确定等方面，积累了大量的实践经验，并创新性地提出了可操作性办法，为全国分蓄洪区补偿政策落实工作提供了宝贵经验。

然而，分蓄洪区在实际建设过程中也存在一些问题和难题。比如，蓄洪过后，区内经济停产、公共设施损坏，部分土地被水冲沙压，农作物无法按季耕种，造成蓄洪区内更为惨重的间接损失及隐性损失，并且各类基础设施的维护管理的经费暂时没有明显支持和来源。大规模农业难以得到推广，庄台上"寸土寸金"，建房紧张，工业的发展更是举步维艰。留守儿童、空巢老人等社会问题严重，群众人均年收入依然远远落后于全县平均水平，经济多年难以恢复，经济发展困难。

四、舞阳县泥河洼滞洪区经验

泥河洼滞洪区位于河南省漯河市舞阳县境内的沙河与涅河之间。汇水面积 11 900km²，设计蓄洪水位 68m，相应淹没范围 103km²。涉及舞阳县莲花镇、北舞渡镇、姜店乡、马村乡、章化乡 5 个乡镇，人口近 10 万人，最大蓄洪量 2.36 亿 m³。自 1955 年泥河洼滞洪区建成以来，有 18 次进洪，44 次分洪，是淮河流域分洪次数最多、利用效率最高、效果最明显的滞洪区，对减轻沙、河防洪负担，保证京广铁路畅通与漯河市及沙河下游广大地区的工农业生产和人民生命、财产安全发挥了巨大作用。

尽管蓄洪功能对当地经济社会发展造成了一定负面影响，但是经过多年发展，在漯河市政府、舞阳县政府的齐心治理之下，通过资源整合、工程管理、农业现代化（规模经营）三大手段，使得分蓄洪区经济社会发展面貌趋于良好，形成了一种独特的发展模式，为全国分蓄洪区建设和发展提供了一条可借鉴的发展道路。

（1）通过财政、土地、农业三大资源的高效整合，为农业现代化和工程建设和发展提供了有力的保障。充分发挥舞阳县是贫困重点县的政策优势，利用当地优势，积极申请省、国家级扶贫开发项目，集中财力和人力，分工合作，统一规划，抓好土地流转、培育新型农业经营模式、高标准建设农田、水利基础设施，依托国家分蓄洪区补偿政策条例，制定补偿标准，保证当地经济社会安全发展，在分蓄洪区大力建设农业综合开发整体推进项目。自 2009 年起，项目区累计投入资金 2.97 亿元（其中，投入财政资金 2.52 亿元、群众筹资投劳 3543 万元、整合电力资金 1041 万元）。新打配套机井 2475 眼，节水灌溉配套机井 1140 眼，铺设地埋线路 1018.6km、高压线路 105.5km，新建配电台区 125 个，新建桥涵闸 3099 座，开挖疏浚沟渠 1153km，植树 112 万株，修机耕路 518km，水泥硬化道路 205.69km，土地平整动土 59.2 万 m³，建设万亩示范区 10 个，千亩示范区 5 个。

通过 5 年的集中开发，新增有效灌溉面积 11.63 万亩，其中节水灌溉面积 7.53 万亩，新增除涝面积 8.9 万亩，改善除涝面积 2.3 万亩。项目区全年亩均总产增加近 300kg，新增粮食近 4800 万 kg，农民收入增加近亿元；成立了 15 家农机专业合作社，机械化作业率达 95%以上；中国农业生产资料集团公司、河南晋开化工投资控股集团公司等企业纷纷入驻设立种植基地，流转土地 2 万多亩；培育农字号龙头企业 18 家、农业专业合作社 47 家，建成各类高效种植园区 12 个，带动科技示范户 2013 家，反租承包种粮大户 60 家。建成旱涝保收的高产稳产田，实现了经济、生态、社会效益三提升（图 4-4）。

图 4-4 泥河洼高效农田

（2）建立了事权明晰的工程建设和发展制度。整合各方面政府人力，合理分工，通过土地流转的方式，发展农业规模化经营，并且建设好安全区和安全台，将当地居民转移进去，实现人地分离，而高标准的基础设施和农业机械化水平，很好地解决了人地分离所造成的不便利性。在工程管护问题上，采取拍卖、承包等方式，明晰产权和管护主体，做到"井有主，树有家"，提高管、护效率；在补偿政策实施问题上，则是直接按照"谁经营，补偿谁"的原则，合理、公平地处理多方利益关系，保证当地企业和农户的财产安全，财产登记的方式则交由当地乡镇解决，由于多是耕地和作物，故财产登记成本低，易实现。而基础设施建设、土地流转等工作均交由专门机构负责。

（3）抢抓工程建设机遇，大力推进农业现代化建设。舞阳县县委、县政府抓住国家建设高标准农田的机遇，打破乡村区划界限，按照"一年一小片，五年一大片"的指导思想，实施连片开发，科学规划，梯次推进，逐年实施。通过水、田、林、路、渠综合治理，项目区基本达到了"土地平整、肥沃，田间道路通畅，水利设施配套，林网建设适宜，科技先进、适用，优质、高产、高效"的目标。具体来看：①大力投入农业基础设施，实现农业综合开发任务，项目区达到"田成方、林成网、沟相通、路相连、旱能浇、涝能排、科技先、品种优"的目标；

②强化科技支撑，发展现代农业，项目区良种普及率达到 100%；③培育龙头企业、农民专业合作组织，大幅提升农业组织化、集约化、产业化水平，实现了统一耕种、施肥、浇水、收割的规模种植；④通过让有经济实力的人承包农田，统一投资、农民参与，实现集团与农民合作的"土地流转"。漯河市土地流转在河南 17 个地市占比最高。其土地流转费为 800～1000 元，集团支付这部分费用给农民，农民再到集团打工，形成双份稳定的收入（租金+干活）。分洪时，国家补贴交于大户，再由大户分发给农民，增加老百姓收入，减少经济损失，降低劳动强度，实现旱涝保收。

此外，在人口迁移和控制、当地人均创收、就业，以及公共服务保障体系、规划衔接方面都形成了较为成熟的发展思路。

五、江苏江都水利工程经验

江都水利枢纽作为江苏省重要的流域性工程和国家"南水北调"东线源头工程，其管理现代化建设融入了全省经济社会现代化和水利现代化建设的大系统，适应单位和水利行业不同发展阶段的实际情况，江都水利枢纽现代化管理的基本特征和重要经验主要体现在以下几个方面。

（1）安全可靠的防洪减灾能力是江都水利枢纽管理现代化能力水平的标志。江都水利枢纽现代化管理建设必须以满足苏北地区乃至"南水北调"东线工程沿线地区的现代经济社会发展对水安全、水资源和水生态等方面的新需求为着力点。加快病、险工程加固改造步伐，保持工程设施功能完善，运行可靠，不断提高工程设施的综合保障能力。

（2）规范、高效的工程管理模式是江都水利枢纽现代化管理水平的标志。江都水利枢纽管理现代化建设要依据配套完善的水法规体系。推行依法管理水利工程，要依据规范系统的管理制度、先进的管理技术和良好的管理机制，管好、用好水利工程，并积极维护河、湖健康。

（3）先进、科学的信息化管理手段是江都水利枢纽管理现代化技术水平的标志。现代化建设必须应用先进的技术装备和信息技术，推动工程管理的智能化、信息化，河、湖资源管理的规范化，以及防汛、防旱运行调度和应急管理决策的科学化。

（4）不断提高水利工程管理的科技水平，保障有力的良性运行机制是江都水利枢纽管理现代化发展支撑能力的标志。江都水利枢纽管理现代化建设需要推进制度创新、深化水利体制改革和单位内部改革，建立良性运行机制和有力的政策保障体制，为现代化建设提供重要的政策支撑和制度保障。

（5）结构合理的人才队伍是江都水利枢纽管理现代化人才保障能力的标志。现代化建设需要建设一支知识面宽、专业水准高、创新意识强、能够引领现代化发展的精英队伍，以及适应现代化建设要求的高素质的职业技能人才队伍，为现代化建设提供强有力的人才保障。

（6）文明、和谐的单位文化氛围是江都水利枢纽管理现代化精神文化的标志。江都水利枢纽工程的地位十分重要，其现代化建设需要以水文化为载体，结合精神文明建设，形成具有自身特色的单位文化理念和文明、和谐的单位氛围。同时，要通过水利风景区的建设来整治、美化工程环境，为现代化建设创造良好的人文环境和工程环境。

六、淮河入海水道现代水利工程经验

淮河入海水道西起江苏省洪泽湖二河闸，东至滨海县扁担港注入黄海，与苏北灌溉总渠平行，居其北侧。工程全长 163.5km，贯穿江苏省淮安、盐城两市的清浦、楚州、阜宁、滨海、射阳 5 县（区），并分别在楚州区境内与京杭大运河在滨海县境内与通榆河立体交叉。淮河入海水道工程是扩大淮河洪水出路，提高洪泽湖防洪标准，确保淮河下游地区 2000 万人口，200 万 hm^2 耕地防洪安全的治淮战略性骨干工程。其建设实施经验主要体现在以下几个方面。

（1）更新理念，节约土地资源，减少社会震荡。20 世纪 80 年代前淮河入海水道工程极为浩大，迁移人口太多，带来了很多的社会问题。1991 年，淮河发生大水后设计思想得到调整，理念得到更新，在确保河道功能和标准的前提下，大胆革新，提出"开挖深泓，泓滩结合"的方案，将河道宽度缩小至 700m 左右，征地仅需 0.45 万 hm^2，减少占地 1.33 多万 hm^2，迁移 6.3 万人，减少移民 15 万人。这既节省了大量宝贵的土地资源，又大大减少了移民人数，大大减小了工程所在地区经济社会负面影响，有利于社会的稳定。

（2）公开透明，征迁经费张榜公示，移民群众安居乐业。入海水道工程的征地拆迁管理体制明确由各级政府负责，实行行政首长负责制，层层落实包干责任。江苏省政府办公厅和省建筑工程管理局先后印发了《征地拆迁补偿经费会计核算的通知》和《征地拆迁及集体所有补偿资金使用和管理意见》，规范征迁补偿行为。规定征迁实物量和补偿经费公示制，接受群众监督。各村、组、户的征迁补偿经费张榜公示，实行阳光操作。同时，还引进监测评估机制，先后五次进行监测评估，发现问题及时纠正。

（3）以人为本，工程为民。工程的建设者尽可能地为群众着想，帮助当地群众解决一些生产、生活中的实际问题。淮河入海水道在工程设计中为了避免群众跨河到滩地进行生产，采用"北泓南靠"方案。排灌影响处理工程的设计在原有标准上适当进行提高。当发现原设计的上堤马道标准偏低易损坏时，就及时修改设计，全部改为混凝土路面，方便耕种和运输机械通行。入海水道工程在实施中特别重视施工导流的处理，在八年的工程建设期间从未因施工导致农田受淹，或给群众生产、生活带来大的负面影响。

（4）保持水土，改善环境。在淮河入海水道工程建设中，为了满足工程安全和防治水土流失的要求，在工程建设之前，扬州市淮河入江水道整治工程建设处委托相关单位编制了《淮河入海水道近期工程水土保持方案报告书》，并通过了水利部的审查批准，单列投资 10 880 万元。水土保持设计以植物措施为主，与工程措施相结合。防护措施与当地经济开发、旅游景点建设、美化河道环境密切结合，为河道科学管理、安全运行提供保障。

（5）体现"人与自然和谐相处，工程与环境同步建设"的理念。淮河入海水道工程建设遵循"人与自然和谐相处"这一全新的理念，着力建设环境友好型工程。这主要体现在工程与环境同步设计、同时施工。1999 年 12 月，在淮河入海水道各单项工程紧张进行设计的同时，《淮河入海水道近期工程环境影响评价报告》编制完成。在施工过程中，不遗余力地落实了九条环保措施：丹顶鹤自然保护区的保护措施；水土保持的工程措施；施工期间水质保护措施；大气环境质量保护措施；施工人群健康防护措施；施工期间环境监测措施；水环境保护措施；移民安置环境保护措施；工程移交运行后的管理措施。

第三节　国内外分蓄洪区发展政策比较和启示

一、国内外经验比较分析

国外蓄滞洪区建设管理存在一定的共性，主要表现为：①禁止居住。国外的蓄滞洪区基本上无人居住，区内土地主要为农田、森林或湿地。日本采用征购的方法获取蓄滞洪区土地，个人无土地使用权。美国在设置分蓄洪区时采用一次性赔偿措施，将区内居民迁出，区内土地的原所有者仍然可以利用蓄滞洪区土地经营农业，并自我承担分蓄洪运用的风险。②进洪设施多采用溢流堰形式。美国和日本的蓄滞洪区多将围堤的部分堤段顶高程降低，河道洪水达到一定水位时，自动流入区内。在管理上也有一些共同的特点。③完善预警报系统。设定的蓄滞洪区在进入汛期时要完全封闭，非防汛人员不得进入，并在交通路口设卡管理。在行蓄滞洪区内设有明显的警示标志，并有播音站发布警告。在决定分洪前，派出警报车，清除区内人员。对蓄滞洪区的安全管理是很严格的。④实施洪水保险政策。美国的保险制度是通过高额保险费率及收购高风险房产的办法，促使居民迁出蓄滞洪区。⑤可按规划运用，充分发挥其防洪功能。设置蓄滞洪区时，政府即获得了蓄滞洪区的使用权，使其成为公共用地，完全避免了同一块土地的公共用途与私人利益之间的矛盾和冲突，因此可以更有效地发挥其防洪作用。

因此，兼顾修复湿地、改善生态环境、净化水质、增加生物多样化、发展休闲观光娱乐、维持河道基本流量和供水，以及洪水资源化等综合功能发挥是未来蓄滞洪区建设与改造的趋势。美国和日本的基本国情和防洪形势与我国不尽相同，对于中国目前的蓄滞洪区管理不能照搬其经验，应结合我国实际，有选择地借鉴。

国内蓄滞洪区的特点表现在：新中国成立后，各级政府对蓄滞洪区建设非常重视，先后进行了大规模的堤防、进退水设施等工程建设。近年来，又加强了非工程措施的建设，如在蓄滞洪区内部进行安全设施建设，修建转移道路和桥梁、安全楼（安全台、庄台）、安全区（围村埝）及配备，完善通信预警系统和反馈系统，这些措施有助于减轻分洪所造成的人员伤亡和财产损失，为分蓄洪区实施计划分滞洪创造了有利条件。但是，分蓄洪区也面临着许多问题：分蓄洪区安全建设投入力度较小、建设缓慢，一旦分洪运用，群众生命和财产转移困难；没有建立良性的蓄滞洪区运用机制和补偿机制；分蓄洪区内人口的过度增长和经济的快速发展与蓄滞洪区的地位极不协调，一次分洪的损失十分惨重；有关蓄滞洪区管理法规和制度尚未完全建立和完善。所有这些使分洪运用决心难下，严重制约着分蓄洪区适时、适量运用，也影响着分蓄洪区的经济社会协调发展。

二、对洪湖东分块蓄洪区的启示

通过上述案例分析，系统归纳总结分蓄洪区治理和管理模式的共性和分类指导，还包括洪水保险政策等其他有效措施，以达到总结实践，上升到理论层次，为后续章节提供一般性的理论依据。

（一）转变分蓄洪区建设和发展理念

世界各国在防洪减灾方面取得巨大成绩的同时，对分蓄洪区治理的思想和理念也发生了重大的转变。这些转变主要体现在以下四个方面。

（1）从单纯的防洪转变为综合治理。防洪思想从"控制洪水"转变为"管理洪水""人水和谐"的新观念。例如，美国提出"自然治水""无形的堤坝"；荷兰提出"还河流以空间"；日本提出"多自然河川"；等等。一方面，需要增强对洪水风险和损失的承受力；另一方面，要强化蓄洪区的自然生态的功能。要把蓄洪区作为流域这个大生态系统中的一部分，提高对蓄洪区的人文、历史及生态价值的认识，并使之不断增强。在一切与蓄洪区有关的行动中，要同时考虑社会与环境两大因素，应修改或重新制定保护及改善蓄洪区和流域环境的各类规划，以加快改善生物生存环境的步伐。

（2）从以工程措施为主转变到工程措施和非工程措施相结合。多数国家从防洪减灾、保护和改善洪泛区自然资源相结合的观点出发，设立未来防洪减灾的目标，限制对洪泛区的不合理开发，迁移处在高风险区中的居民，努力消除对生命、财产和环境的威胁，保证重要基础设施的安全和区域经济的发展。在这种理念指导下，越来越注重通过规划、设计，建设有利于人与自然良性互动的工程体系，并将工程措施与法律、行政、经济、技术手段有机结合，从而既满足整体与长远的防洪利益，又降低对短期利益的损害。

（3）从单纯的政府行为向政府与社会广大阶层结合的社会化管理转变。洪水管理具有很强、很复杂的系统性和社会性，处理风险不能只单纯地靠政府行为，而必须有社会各界的广泛参与。特别是在制定并实行防洪区管理政策、条例时，没有社会的积极参与，洪水管理是很难达到预期效果的，这就是洪水管理必须是社会化管理的原因所在。防洪思想的转变是基于对水灾成因理论方面的新认识，即水害具有自然和社会双重属性。只有认识和适应洪水自然属性，并将减灾措施融入社会责任和行动之中，才能实现全社会的安全保障。任何以防御自然洪水为主的措施的实施，只有置于国民有水灾意识，经济上负担水灾责任、行为上服从有关规制约束的社会大环境之中，才能充分发挥社会效益并产生较大的经济效益。而营造这样的社会环境需要政策向导，法律保证和防洪减灾领导机构的高度权威性。对蓄洪区的管理工作，从各级政府到每个公民都要承担责任和义务，既有其本身作为临江区域而容易受灾的固有风险，又有因被制定为特定分蓄洪区而产生的附加风险。其中，附加风险是国家有义务补偿的风险，而固有风险则应依靠分担风险与提高承受风险的能力来解决。分蓄洪区管理要有生态系统观点，既要统筹考虑环境、社会和经济系统，又要统筹整个区域的发展。治理既要以流域为中心，又不能局限在河流，重点是在管理与恢复河流洪泛区的生态功能。洪水管理要建立社会伙伴关系，要制定更全面、更协调的措施，保护并管理人与自然系统，以确保长期的经济与生态环境的可持续发展。

（4）从单一的防洪向综合利用洪水资源转变。洪水是一种宝贵的、可利用的淡水资源。随着我国干旱缺水问题的日益突出，旱灾发生的频率、范围和影响领域不断扩大，持续时间长，造成损失大，已成为影响经济社会发展的严重制约因素。由水资源短缺造成的经济损失每年约有 1800 亿元，而水资源短缺引发的生态灾害更加严重。在水资源稀缺的我国，汛期洪水在造成灾害的同时，其作为资源的特性理应引起我们的重视。应从传统的蓄洪区单一功能保护过渡到以蓄洪区为主的多元生态功能保护，突出其净化、自组织、景观、休闲游憩、特色养殖等功能。要尽最大可能变害为利，充分利用洪水资源，蓄泄并重，以解决水资源紧缺问题。从追求人与自然和谐的目标出发，洪水资源化的一个有效途径就是做好分蓄洪区的管理。比如，对蓄洪区进行合理分区管理，在发生一般中小洪水时，引洪蓄水，修复部分与洪水相适应的生态环境，则将有利于维持蓄洪区自身适宜的发展模式，促使地下水得到较多的回补，产生滞水、冲淤、冲污、洗碱、淋盐和改善生态环境的综合效益。

（二）建立统一综合管理机构

蓄洪区的管理应有全局观意识，应将河道、堤防，以及有关环境设施的管理集中于一个机构，并与其他机构合作，实现蓄洪区管理的一体化。目前，洪湖分蓄洪区的管理构架分别由长江水利委员会、洪湖地方政府的水行政主管部门，以及其他管理部门和专业管理部门承担不同领域的管理职责。由于各部门管理目标不完全一致，"分兵把守"容易导致各部门利益和矛盾的冲突。加上分蓄洪区管理涉及诸多跨部门、跨地区的事项，使其对管理的综合协调功能要求较高，协调工作的难度也较大。在相关事项的法律规定不明确的情况下，容易导致管理中出现相互推诿、"扯皮"等现象。同时，这种管理体制下也没有一个部门有能力对涉及防洪、分蓄洪区的发展，环境综合保护和治理，以及区内、区外各种关系等问题做出统一规划和统筹考虑。这种管理体制难以适应新时期按照不同功能类型、模式和在更加开放的环境中加强分蓄洪区综合管理的要求。因此，需要在现有的管理架构和体制的基础上，进一步通过机构建设，加强分蓄洪区的综合协调管理职能，建议从不同层级设立相应的分蓄洪区管理小组。

目前，流域开发与管理由单目标向多目标综合开发转化，呈现流域开发与管理、区域综合开发等融为一体的趋势。分蓄洪区过去往往更多地被当做防洪的水利设施来看待，但是，其内部发展却涉及一个区域对整个社会产生影响的全部内容。以往以水利部门为主对这块进行管理的方式存在明显缺陷。比如，在控制人口增长、降低税率、发展经济、开发土地等方面，尽管有相应的法律、法规可以依据或参照，但是由于水利部门与其他部门之间的协调工作量很大，所以在具体落实上效果并不好。因此，应该按照《关于蓄滞洪区安全与建设指导纲要》要求，成立由政府牵头、有关部门参加的分蓄洪区管理机构，该机构作为非实体办事机构，由政府指定的部门承担日常工作，这样，各部门可分头落实本部门的职责。

计划生育部门主要控制人口自然增长、严格限制人口机械增长；经济税务管理部门主要注重开发引进项目，落实税收政策；市政、交通等部门负责基础设施的规划和建设，为经济发展提供服务，减少企业对分蓄洪区环境产生的不利影响；水利部门当前首要任务之一是向社会公布区域洪水风险率，日常工作是组织群众进行安全设施建设和工程建设，指导企业自身设置安全避险设施等；民政部门（乡镇政府配合）负责财产登记，具体拟定救助、补偿、灾后重建方案；另外，还有土地部门等，各自都有相应的职责与工作重点。只有这样才能真正强化社会管理、提高公共服务质量，最终实现分蓄洪区经济的可持续发展，使分蓄洪区群众早日步入小康社会。同时，要把流域规划、防洪减灾规划、生态环境规划、分蓄洪区总体规划和地方的城镇规划、土地利用规划等进行有效衔接，实现多规合一目标。

（三）通过科学规划减少损失

从国外经验来看，他们都非常重视通过规划手段来降低分蓄洪区的损失，这些措施包括：把分蓄洪区作为流域组成部分进行管理，使防洪减灾规划现代化；分蓄洪区规划和国家洪水保险计划相结合，加强教育和培训，关注改善环境问题。美国把规划和教育作为分蓄洪区管理的基础。如下一些具体做法和措施，对我国有很强的指导借鉴意义。比如，逐步迁移受到威胁的群众或限制在分蓄洪区内的开发活动以降低洪水灾害的风险。通过采用协调和合作的方式开展规划工作。通过执行综合性的流域管理，配套实施国家洪水保险计划和购买容易受淹的土地。充分利用洪水风险图，及时向社会公布如启用概率、涉及滞洪标准、淹没水深等风险度指标。开展灾前规划。蓄洪区的信息应该以一般人能理解并能应用的形式提供给普通公众，包括洪水灾害的自然特性、蓄洪区的自然资源和功能、可用于蓄洪区综合管理的各种战略和工具、分蓄洪区管理的科学论证与公众参与。

（四）因时因地制宜，分类指导

国外分蓄洪区建设的一个重要经验就是划分等级，重视洪水风险分析，利用洪水风险图为蓄洪区的土地利用与管理提供基本依据，最终达到减灾和增强抗灾能力的目的。在此基础上，对不同区域进行科学规划、分类指导。经济推行生态防洪计划，如将洪水高风险区改造为生态区（如公园、湿地、林地等）。不同的国家根据各自国情及经济发展实力的不同，对分蓄洪区采取的模式也有所不同。总体来说，按照启用频率和长远发展目标进行分类指导管理，洪湖分蓄洪区的管理与发展可以按照三种模式调整：生态修复型蓄洪区（或称生态涵养区）；规模经营型分蓄洪区（或称限制发展区）；在基本维持现状或在条件成熟时，不再作为分蓄洪区使用，而再转化为一般防洪区（或称防洪保护区）。第一种模式的管理目标是实现蓄洪水面区无人化，通过生态修复，使分蓄洪区具有蓄洪、保护生态环境、恢复湿地、维持生物多样性、发展旅游等多种功能。第二种模式为土地生产效率较高，人均耕地面积达到 20 亩的标准进行调整。以规模化的农业或养殖业生产为主。通过租赁、股份合作等方式经营百亩以上的土地，为实现分蓄洪区的正常防洪运用和形成"人水和谐"的发展模式服务。第三种模式近期不调整，可根据所在区域社会经济发展趋势，制定相应的激励政策，推进分蓄洪区向周边城镇迁移。根据实际情况，可采取生态修复、规模经营并举，或先规模经营，逐步向生态修复模式过渡。总之，要以"审时度势，因时因地制宜"为基本原则。

（五）创新各类资源整合模式

通过转变分蓄洪区建设和发展理念，因地制宜，科学规划，以增加当地居民福祉、维持社会稳定、保护生态环境等为目标，围绕分蓄洪区及关联区域产业基础和产业发展方向，搭建产业发展平台，以综合管理机制为连接点，研究探索各上级政府政策资源、国内外各类民营企业资源等各类渠道，创新整合模式，建立利益共享机制，构建多方利益共同体、协同体。

（六）合理运用洪水保险政策

国外采用的洪水保险政策和运行机制虽然完全不同，但仍存在许多共同的特征，对研究和制定我国的洪水保险制度具有重要借鉴意义。在借鉴时，需要考虑我国国情，洪水高风险区的开发已成既定事实。但是我国的城市化刚进入高速发展时期，如何发挥洪水保险政策的作用，避免高速城市化过程中人为加重水灾损失的趋向，依然有积极的意义。我国分蓄洪区是运用防洪减灾的重要手段，但目前分蓄洪区在汛期中的运用日益困难，并且分蓄洪区人口增长速度远远超过全国人口的平均增长速度，补偿能力不足又使分蓄洪运用的矛盾更加尖锐。由于分蓄洪区洪水保险的特殊性，应由政府成立一个洪水保险管理机构，负责洪水保险的管理工作，发放保单、收缴保、核灾等具体工作可以委托保险公司承担，给予其一定数额的管理费。保险公司只办理具体事宜，不承担风险，风险由政府承担，所收保费除保险公司的管理费外，全部上缴国库，赔付也由国家负担。刚开始运行时，国家财政会给予政策补贴，随着投保户的增加，运行时间的延长，国家财政的补贴逐步减少，直至取消。这样，不仅可以制约洪泛区的无序开发，增强社会的水患意识，而且还可以增强社会的抗灾救灾能力，一举多得。需要强调指出的是，洪水保险是一种特殊的险种，要强调权利和义务的统一。除强调设置全国性、强制性的保险之外，还要充分考虑国家救灾贷款，禁止分蓄洪区内建设永久性建筑物等影响，具体确定保费额度标准。可以根据洪水风险图，确定不同居住区域的洪水风险度；根据洪水风险度和其他险种的保费额度，确定切实的洪水保险保费，并在 50 年一遇以下洪水淹没区实施强制性的洪水保险，50 年一遇以上淹没区可自愿投保，投保对象为家庭和企业的不动产，并根据我国的经济状况确定最高赔付上限。

分蓄洪区洪水保险是为保全更大的财产不受损失而设立的，所以在洪水保险实施时，为体现公平原则，受保护区域应该缴纳一定的防洪保护费用，由于洪水保险费用率普遍偏高，所以受益区交纳的保护费可以充当保险费的一部分，来减轻分蓄洪区内居民的负担。

（七）争创政策法规先行试点

国外的经济和研究表明，成功的流域及分蓄洪区建设需要把法制建设作为管理的基础和前提，并利用法律手段进行分蓄洪区管理。实践证明，只有以法规为保障，分蓄洪区管理的各项措施才能得到切实的贯彻实施，达到管理的目的。

根据分蓄洪区涉及环节多、跨部门、跨地区、关系复杂、问题难解决的特点，以及新时期加强分蓄洪区管理的思路、目标与任务的新要求，考虑到目前关于分蓄洪区的相关规定主要是以国务院转发的部门大纲或意见为依据，存在法规位阶低和规定不够系统全面等问题，地方政府应在国家政策框架内，根据当地特色优势，研究制定相应的建设和发展条例，探索一种可推广的经验模式，争创政策、法规先行试点。

第五章

洪湖东分块蓄洪区工程与"五化"同步的政策体系

为化解洪湖东分块蓄洪区内工程建设和经济社会发展的突出问题，纠正"政府失灵"行为，抢抓该工程建设创造的经济社会和环境的条件和机遇，结合资源环境约束下的增长理论、外溢性区域公共治理理论和国内外分蓄洪区较为成熟的经验，顺应新常态变化趋势，科学设计洪湖东分块蓄洪区工程与"五化"同步的政策目标、政策主体和政策"工具箱"，形成较为完善的政策体系。

第一节 洪湖东分块蓄洪区工程与"五化"同步的政策目标

一、功能定位和目标原则

根据《长江流域蓄滞洪区建设与管理规划》中的分类，洪湖东分块蓄洪区属于重要蓄滞洪区，在保障荆江大堤、武汉市防洪安全中的地位和作用十分突出。因此，在未来相当长时期内，设置蓄滞洪区是牺牲局部利益、保障全局防洪安全的防洪措施。同时，随着"两个一百年"奋斗目标和生态文明建设的提出，在洪湖东分块蓄洪区必须贯彻落实"以人为本"的科学发展观，按照人与自然和谐相处的思路，推进该区工程与"五化"同步发展。

（一）洪湖东分块蓄洪区的功能定位

新时期，洪湖东分块蓄洪区不仅需要强化防洪、蓄水的功能，还需要兼有促进当地经济社会发展及加强生态环境保护两大功能。围绕这三大功能，洪湖东分块蓄洪区需要根据实际情况，做出以下定位。

（1）长江中下游整体防洪体系的重要组成部分。积极加强洪湖东分块蓄洪区蓄洪工程建设的推进工作（包括"蓄洪工程"和"安全建设工程"），合理处理城陵矶地区的超额洪水，增强长江防洪调度的灵活性，确保武汉乃至长江中下游的防洪安全。

（2）面向武汉城市圈的农产品产业基地。服务大武汉、融入大武汉，依托武汉城市圈的巨大市场需求，抢抓蓄洪工程建设机遇，抓好土地流转工作，围绕水稻、水产、生猪、蔬菜、油菜等特色优势产品，推进农业产业化经营，加强农产品质量安全监管，加快农业机械化发展，推进生态农业建设，加强农业技术推广，打造面向武汉城市圈的农产品产业基地。

（3）湖北水生态文明建设的先行示范区。贯彻水利部、湖北省水利厅关于水生态文明建设工作的要求，以落实最严格水资源管理制度为核心，通过水资源节约保护、水生态综合整治、水资源优化配置、加强机制创新等措施，"防洪水、排涝水、治污水、保供水、抓节水"，全面推进水生态文明建设，在保障防洪安全的前提下，切实优化城乡水配置、高效水节约、改善水环境、保护水生态、传承水文化、严格水管理，以治水为龙头推进产业结构转型升级，把洪湖分蓄洪区及洪湖东分块蓄洪区建设成水生态文明的先行示范区。

（4）洪湖"五化"同步发展的重要推力。抢抓国家实施分蓄洪区分类管理的机遇，依托"蓄洪工程"和"安全建设工程"制定政策，引导人口逐渐向洪湖中分块和西分块的县城转移，推进新型城镇化建设，通过人地逐渐分离，大力推进洪湖东分块蓄洪区农业现代化发展，同时，抓好洪湖市政府与武汉经济技术开发区共建新滩镇工业基地的工作，促进新型工业化水平的提升，大力推进水生态文明建设，推动绿色化发展。

（二）洪湖东分块蓄洪区的目标原则

（1）建管并重，创新发展。在加强洪湖东分块蓄洪区建设的同时，应加强区内的社会管理和公共服务，抢抓深化改革机遇，创新体制机制，按照依法行政的要求，建立健全管理机构，明确各级政府和部门对分蓄洪区建设、管理和设施维护的职责，切实加强分蓄洪区管理，确保分蓄洪区能适时、有效地运用。

（2）全面规划，协调发展。应对新形势和新要求，以当地土地利用总体规划、城乡规划、环境保护规划等相关规划为依据，全面规划洪湖东分块蓄洪区的工程建设、安全建设、管理制度建设。根据蓄洪区发展特征和洪水风险分布情况，合理布局，妥善安置区内的人口。鼓励洪湖东分块蓄洪区群众向区内外有安全保障的城镇转移。

（3）转变方式，绿色发展。着力推进经济结构战略性调整和就业结构调整，转变经济发展方式，走资源节约型、环境友好型的发展道路，处理好洪湖东分块蓄洪区内的工程建设、生态环境，改善民生状况和经济社会的内在关系。努力使洪湖东分块蓄洪区经济发展与环境承载能力相协调，产业结构调整与生态环境保护相协调，将发展特色产业与发挥资源优势相结合，将人口转移与城镇化进程相结合，基础设施及公共服务建设与城乡统筹、新农村建设相结合。引导产业向园区集中，稳步推进城镇化，基本实现公共服务均等化。

（4）政府扶持，开放发展。着力于转变扶持思路，充分发挥社会主义制度的优越性和市场在资源配置过程中的基础性作用，从单纯以政府安置为主，向政府搭建平台、发挥市场机制转变。通过加强社会保障和教育培训，提高当地居民自我发展能力，在尊重自主选择的基础上，鼓励洪湖东分块蓄洪区居民群众向区内外有安全保障的城镇转移。

（5）远近结合，共享发展。既着力解决洪湖东分块蓄洪区内群众当前生产、生活困难，妥善解决当前存在的、涉及当地居民权益和稳定的累积性问题；也要着眼于分蓄洪区长远发展，加大扶持力度，加强阶段性措施，全面实现建设小康社会和构建和谐社会的奋斗目标。

二、政策目标体系设计

从现有的法规、政策来看，管理目标上主要强调两点：①确保分蓄洪区的顺利启用和流域的防洪安全；②确保分蓄洪区人民群众的生命安全。经过多年的发展，上述因素已发生了明显的变化，特别是从今后贯彻落实科学发展观、促进人与自然和谐相处和促进区域、城乡协调发展的要求来看，过去的目标界定显然是不全面的，突出表现在以下两点。

（1）对分蓄洪的管理已经不能仅仅满足于保障区内群众的生命安全，甚至不能满足于保障其财产安全或对其财产损失进行必要的补偿，还需要考虑这部分居民的长期发展问题，使他们能够得到与区外居民大体相对或平等的发展机会和发展水平。

（2）随着我国经济发展阶段的提升和需求的变化，今后对分蓄洪区的建设和发展不能仅仅满足于防洪功能，还必须实现控制洪水向管理洪水转变，即在防洪的同时，还需要考虑水资源保护和利用问题。其实质是以水生态文明示范城市示范点建设为契机，分析和权衡分蓄洪区土地作为耕地的价值和作为水资源涵养和生态恢复的价值，按照效益最大化的要求进行合理安排。显然，这是分蓄洪区管理的一项新目标。

因此，洪湖东分块蓄洪区的建设，要有利于适时、适量分洪运用，有利于江河防洪和分蓄洪区内的防洪安全，有利于区内经济社会发展。洪湖东分块蓄洪区建设和发展的目标是：基本完成蓄洪区的建设任务，确保能够适时、适量运用；

重要分蓄洪区内高风险区的居民安全基本得到保障；有效改善洪湖分蓄洪区水利、交通等基础设施，加快洪湖分蓄洪区城镇化建设进程；初步建立较为完善的分蓄洪区管理制度，使得分蓄洪区内的经济社会活动朝着良性方向发展，实现洪湖分蓄洪区由"大"变"小"、由"旧"变"新"、由"穷"变"富"、由"弱"变"强"、由"水害"变"水利"的转变，为洪湖市尽快全面建成小康社会奠定坚实基础。

（1）工程建设协同新型城镇化目标：非安全区人口转移目标基本实现，以安全区为重点的乡镇格局基本形成，安全建设工程建设基本完成，城市功能基本完善，安全区对周边地区的辐射带动能力大幅提高，城乡一体化水平和居民生活幸福程度显著提高。

（2）工程建设协同新型工业化目标：基本形成以新滩镇经济开发区为工业聚集区，其他安全区为商贸聚集区，非安全区为现代农业规模化生产区的产业布局。优势特色农副产品深加工、本地优势工业，以及特色旅游业实现跨越式发展，特色优势主导产业格局基本形成。

（3）工程建设协同农业现代化目标：特色农产品规模化、标准化、产业化生产水平大幅提高，在非安全区建成一批特色农产品标准化、规模化生产示范区，形成以水生种植和养殖为特色的现代农业体系。

（4）工程建设协同信息化目标：企业信息化、政府信息化、农村信息化、社会信息化和洪水预报、警报信息化服务平台基本建成。提高信息化对工业、农业和旅游业的支撑能力，不断扩大乡镇信息化服务覆盖面，逐渐渗透到教育、医疗等社会事业领域，基本实现洪湖东分块蓄洪区数字化发展。

（5）工程建设协同绿色化目标：初步形成以水资源利用、水污染治理、水安全检测，以及洪水管理为核心的分蓄洪区水生态文明建设体制。产业生态化改造、水环境保护、血吸虫治理等措施成效显著。

此外，从动态来看，经科学论证后，可以分阶段性地依次将洪湖西分块（保留分蓄洪区）、洪湖中分块（一般分蓄洪区）的分蓄洪区"帽子"摘掉，促进洪湖地区经济社会快速发展。

第二节　洪湖东分块蓄洪区工程与"五化"同步的政策主体

以往政府对分蓄洪区的管理，最基本的目标是使其高效地发挥滞洪、经济社会发展两种功能，为了能够有效滞洪，需要建立必要的水利设施，保证以高度可控的方式实现洪水"分得进，蓄得住，退得出"。同时，为了能够稳定经济社会发展，需要最有效地协调人水争地的矛盾，改善土地耕作条件和提高产出。在分洪、蓄水的过程中，首先要保证分蓄洪区居民的生命安全。在分蓄洪功能实现后，要尽快使当地的居民能够恢复生产和正常生活。从流域防洪治理的角度看，分蓄洪区所承担的蓄滞洪水的功能是保障流域安全的基础，所以在分蓄洪的相关事务上必须服从流域管理机构的统一调度管理。从行政隶属关系上，这些分蓄洪区分属于不同层级政府管辖的行政区域，其经济增长和社会发展由相应市、县、乡各级政府实施管理。若要实现洪湖东分块蓄洪区工程和"五化"同步的政策目标，必须分类描述不同事务的管理体制及相互协调的问题，这涉及不同层面、不同部门管理机构设立和运作的法律基础、职责范围、组织体系和资源能力等问题。由于分蓄洪区承担了蓄洪和经济社会发展的双重功能，其管理体制具有蓄洪管理和经济社会管理两条主线分离、并行的特点。

一、分蓄洪功能目标的政策主体

分蓄洪功能目标的政策主体主要是国家防洪抗旱和水利建设相关部门，长江流域管理机构（长江水利委员会），各省、市、县水利部门负责管理分蓄洪区工程建设与管理有关的事务，国家水利行政主管部门及其派出机构——长江水利委员会主要负责流域防洪和水资源管理，在分蓄洪区主要防洪设施的规划、建设、管理、维护和使用调度上承担主要责任。国家根据流域防洪的需要和水资源综合利用的要求，确定分蓄洪区的地理分布、功能定位、运行方式安排等。各级地方政府及所属水利部门同长江水利委员会负责分蓄洪区的建设和发展。在设立分蓄洪区后，在分蓄洪区内建设进退洪设施、围堤工程和安全设施。其中，围堤工程和进退洪设施是保证分蓄洪区履行其蓄滞洪水功能的重要基础设施。在区内同时建立保护居民生命安全的各种工程设施。比如，安全区、避水楼等安全类设施，转移道路、桥梁等交通设施，预警系统等通信设施，排涝泵站等水利设施。此外，根据流域防洪的需要而启用分蓄洪区，这是一项涉及千百万人生命和巨额经济的重大决策，往往需要国家最高决策机构和领导最后决定。一旦根据全流域安全需要做出了启用分蓄洪区以蓄滞洪水的决定，分蓄洪区就应该按照一套严格的程序组织区内居民安全撤离，保证及时开闸蓄洪。

二、经济社会目标的政策主体

经济社会目标的政策主体主要是国家经济部门，省政府，市、县政府，乡政府负责分蓄洪区的经济社会发展，即"五化"同步。在区内生活的居民同任何其他农村地区的居民一样从事农业生产，追求勤劳致富，面临生产、出行、就业、就学等一系列问题。按照我国行政管理体制，当地政府对本地经济社会发展承担制定规划、落实政策、推进发展的责任。一般来讲，地方政府管理区内社会经济发展的工作包括：制定和实施促进经济发展的政策，维护市场经济次序，实施社会管理和提供公共服务。在市场经济制度日渐完善的情况下，地方政府直接干预经济事务的职能会逐步弱化，而维护市场秩序的功能需要加强，政府部门应该按照相关法律要求，负责工商管理、产品质量监管、安全生产监管等市场监管事务。地方政府对分蓄洪区最主要的工作应该是社会管理和公共服务，前者主要包括改善人口质量、打击犯罪、调解民事，而后者主要包括交通、通信、水利等基础设施的建设和维护，以及中小学教育、公共卫生和医疗服务、文化设施的建设等。

三、实现目标协调的政策主体

对涉及分蓄洪区建设管理和社会经济发展的每一项具体事务，往往需要多层次、多部门共同参与和协同工作。所以，洪湖东分块蓄洪区工程与"五化"同步实施的政策主体需要建立合理的管理构架，确定不同部门在管理分蓄洪区相关事务上的责任和义务，制定科学化的工作程序和组织管理，使分蓄洪区能够高效发挥其蓄洪功能，同时保障该地区经济社会稳定发展。从长远来看，我们需要通过不同层次的法律、法规来界定众多机构，以及其他利益相关者的权责关系，其最终目的是要使洪水得到治理，社会得到发展，人民得到安宁，超越"能蓄水，不死人"的简单的人水关系，实现在分蓄洪区高效履行其蓄洪功能基础上，分蓄洪区人民生活水平不断提高，实现真正的"人水和谐"。具体来说，可在综合管理的基础上，由分蓄洪区所在地人民政府组织成立分蓄洪区综合管理委员会，作为分蓄洪区社会综合管理的议事协调与管理监督机构。管理委员会的职能定位是承担分蓄洪区综合管理有关事宜的规划、政策、协调和监督。其主要任务包括以下几点：①组织编制分蓄洪区经济社会发展规划，明确分蓄洪区人口控制规模、土地利用模式，确定产业调整和发展方向，根据分蓄洪区特点及其风险分布对区内人口和产业进行合理布局；②根据分蓄洪区经济社会发展规划和分蓄洪区综合管理要求，制定有关人口、土地利用、经济发展的政策；③负责协调，明确当地政府有关部门要承担的任务和责任，协商解决分蓄洪区经济社会发展过程中涉及分蓄洪事务在部门之间出现的矛盾；④负责对分蓄洪区建设任务的落实和完成情况进行监督、检查，落实与分蓄洪政策和制度相关的土地利用、经济社会发展、人口控制等社会管理政策。

第三节　政策导向：推进政策和扶持政策

综合考虑洪湖东分块蓄洪区生态环境承载能力不足，人水矛盾突出及产业空虚，地质、地形条件复杂（洪水风险）等三大特点，突出"以人为本"的发展理念，围绕洪湖东分块蓄洪区工程与区内"五化"同步推进的政策目标，适应经济发展新常态，从解决当地群众居住安全和可持续发展入手，在切实提高流域整体防洪减灾能力的同时，促进人与自然和谐共处和经济社会协调发展，使分蓄洪区的经济发展水平与分蓄洪区的特殊地位相适应、与地区社会经济发展水平相协调，因此，建立包括推进政策和扶持政策的"工具箱"，前者重要体现战略性、规划性、方向性的政策导向，围绕人口、土地、产业和生态环境等内容，制定工程建设协同"五化"推进的政策；后者主要从财政激励视角，为前者的顺利实施提供保障。

一、工程建设与"五化"推进政策导向

依据资源环境约束下的增长理论探索，以及工程建设与"五化"同步推进的政策目标，应建立较为明确的推进政策导向，具体包括以下几个方面。

（1）新型城镇化政策导向：推进洪湖东分块蓄洪区功能区化，实施差别化管理，建立合理的功能区联系和镇域体系，以新滩镇为重点，以共建园区为主要补偿方式，在保障安全设施齐全，确保人民群众生命安全和防洪、保安功能实现的同时，配套完善公共基础设施，提升城市功能，不断吸引农村居民向新滩镇转移，加快新型城镇化建设步伐；统筹城乡发展，推进城乡公共服务均等化，建设安全、生态宜居的新农村。

（2）新型工业化政策导向：以新滩镇为重点，依托现有产业基础和武汉经济开发区共建园区的体制创新优势，充分发挥邻近武汉城市圈的区位优势，抢抓"蓄洪工程"和"安全建设工程"的建设机遇，重点发展以优势特色农产品资源为基础的农产品精深加工，以及本地优势民营企业，创新产业招商模式，协同工程建设及新型城镇化、信息化，同步推进新型工业化发展。

（3）农业现代化政策导向：搞活农产品流通，通过新技术、新业态、新商业模式，形成"一产接二连三"的互动型、融合型发展模式，不断优化产业结构，延伸产业链条，做强做优农业全产业链，发展现代"大农业"，积极拓展农业功能，提升农业比较效益，推进"五化"同步。

（4）信息化政策导向：推进物联网、"云"计算、移动互联网等信息技术在产业领域的应用，提升企业的系统集成与服务能力，推动产业转型升级，深入实施"宽带中国"战略，切合"蓄洪工程"和"安全建设工程"的基本要求，加快信息基础设施建设步伐。

（5）绿色化政策导向：实施产业生态化改造，积极探索构建新型生态产业链条，提升环境资源保护和利用水平，大力推进水生态文化建设，共建绿水青山，推动水生态文明城市示范区建设。

二、工程建设与"五化"扶持政策导向

扶持政策应对分蓄洪区的发展起导向作用，而洪湖东分块蓄洪区主要以采用财政资金补助的纵向扶持为主，产业转移等扶持补偿为辅的生态补偿机制。在不断加强与完善现有补偿政策的同时，依据外溢性区域公共治理理论，科学建立分蓄洪区财政转移支付政策、洪水保险政策、税收优惠政策、对口帮扶政策、产业培育政策等创新政策体系，同步推进农业现代化、工业化、城镇化、信息化和绿色化。

（1）建立多样化税收优惠政策。参照国外欠发达地区及我国西部大开发税收优惠政策，为确保居民的基本生活，完善洪灾区事后税收优惠政策，加大税收优惠力度，鼓励合作共建、利益共享，对于蓄洪功能造成的区内隐形损失，采取区域优惠政策和产业政策相结合，直接优惠和间接优惠相结合的优惠措施。对洪灾区内的所有行业实行增值税扩大抵扣范围政策；对用于受灾区安居房建设用地的使用和转让免征城镇土地使用税和土地增值税。

（2）建立财政转移支付政策。①纵向转移支付，加快专项资金拨付速度，减少地方财政配套比例。税收返还、体制补助、结算补助。②建立横向转移支付政策，如"三奖一补"。

（3）建立洪水保险政策。建立"政府主导，商业化运作"的洪水保险模式，明确洪水保险基金的筹集方式，界定投保范围和投保对象。成立专门的管理机构，建立配套的法律法规，各级地方政府做好洪水保险的指导、监督和保障工作，促进统筹发展。

（4）建立对口帮扶政策。按照"扶贫先扶智"的思路，实行全域帮扶，建立健全对口帮扶的培训机制，抓好各类"订单"培训，提高劳务输出的层次和市场竞争力。立足受益地区与洪湖市利益共同体关系，支援村或城镇，着眼长远发展，注重实效，制定短期与长期帮扶目标，建立对口支援专项资金。

（5）建立产业培育政策。营造良好投资环境，建立并落实支持农产品加工业发展的各项政策，加强对农产品加工企业的引导，鼓励学习先进的经营管理理念。在安全区，实施创新驱动战略，合理引导产业发展方向，加快承接发达地区产业转移。在非安全区，以农业为主，鼓励土地流转和土地集约化、规模化生产经营。把产业扶持政策和蓄洪区自力更生结合起来，实现洪湖东分块蓄洪区产业发展的互动、联动。

第六章

洪湖东分块蓄洪区工程与"五化"同步推进政策

洪湖东分块蓄洪区工程与"五化"同步推进政策主要围绕空间结构、产业结构、城乡统筹、基础设施、生态环境等方面，提出的工程建设协同城镇化、工业化、农业现代化、信息化和绿色化等五个推进政策，是推进政策导向的具体措施。

第一节　工程建设协同城镇化推进政策

根据洪湖东分块蓄洪区工程建设要求，进一步地对区内进行功能分区，合理规划城镇空间结构，实施分类指导，具体内容包括以下几个方面。

一、优化安全区布局

（一）安全建设模式和标准

分蓄洪区安全建设的目的是保障分蓄洪区内居民在分洪、蓄水时的生命安全，对区内居民进行避洪安置，能够做到有序、快捷、高效，实现"保安全，保稳定，转移快"。蓄滞洪区的安全建设应在蓄滞洪区类别和风险评价的基础上，结合区内地形、地质条件及居民的意愿，采取居民外迁、就地避洪、临时转移等模式合理安排。一般而言，重度风险区宜采取居民外迁或就地避洪等方式进行永久安置；中度风险区宜采取就地避洪与临时转移相结合的方式进行安置；轻度风险区宜采用撤离转移、临时安置为主的方式进行安置。

洪湖东分块蓄洪区为长江中下游重要蓄滞洪区，现状条件下该区运用概率为10～15年一次，规划条件下运用概率为20～30年一次，平均洪水淹没深度达7m以上，洪水风险度大于1.5，属运用标准相对较低的重度风险区。因此，洪湖东分块蓄洪区安全建设模式拟采取居民外迁和就地避洪等方式进行永久安置。

安全区是人民群众永久居住地，是保障分蓄洪区人民生命、财产安全的一项比较经济的安全建设工程措施。选择人口集中、经济基础较好、地形条件合适的地方修建安全区，既能在分蓄洪时保障区内人民的生命、财产安全，又可为分蓄洪指挥、转移和救灾等工作提供可靠基地。

安全区建设应与小城镇建设相结合，为区内经济发展预留适当的空间，人均安置面积标准设计要合理，论证要科学，并要建设必要的基础设施，安全区的围堤建设标准应该不低于蓄滞洪区的围堤建设标准。安全楼和生产转移道路、桥梁建设都应符合相应的标准。

（二）人口安置方案比较

根据洪湖东分块蓄洪区工程建设要求，分蓄洪区内土地的用途已十分明确，为保障蓄洪功能和经济社会协调发展，将分蓄洪区划分为安全区和非安全区两大类。安全区是城镇、产业的聚集地，重点突出新型城镇化和新型工业化同步发展。至于非安全区，则围绕特色优势农产品资源，发展高效农业，按照推行城乡居民点建设一体化，人口向城镇集中、工业向城镇工业区集中、耕地向种植大户集中的发展模式，推进农业现代化。

蓄滞洪区安全建设是一项以人口安置为主的工程建设，人口数量的多少直接关系到工程建设的规模。根据 2013 年统计资料，洪湖东分块蓄洪区共涉及 9 个乡镇（含农场管理区），人口 29.41 万人。按人口自然增长率 5‰推算，至规划水平年 2025 年，区内总人口为 31.22 万人。洪湖东分块蓄洪区人口分布情况详见表 6-1。

表 6-1　洪湖东分块蓄洪区人口分布情况统计表

序号	乡、镇、场名称	村数/个	人口数量/人	
			规划基准年 2013 年	规划水平年 2025 年
1	老湾镇	10	17 652	18 741
2	龙口镇	34	55 937	59 387
3	大沙湖管理区	10	40 347	42 835
4	燕窝镇	23	43 253	45 921
5	新滩镇	35	39 253	41 674
6	大同湖管理区	10	34 894	37 046
7	黄家口镇	27	37 438	39 747
8	汉河镇	13	19 233	20 419
9	乌林镇	4	6 092	6 468
	合计	166	294 099	312 238

1. 乡镇——安全区"一比一"设置

根据洪湖东分块蓄洪区内集镇分布情况和行政区划及自然地理条件，结合移民建镇，确定了"以安全区为主，安全台为辅，多个安全区分别安置"的原则，设置 8 个安全区加 10 个安全台的具体安置，8 个安全区面积为 38.69km²，10 个安全台面积为 8.62 万 m²。后经多次修改调整，安全区总面积扩大到 47.17km²。考虑到洪湖东分块蓄洪区内料源紧张，而建设安全台所需土料多，占地面积大，建设成本较高，同时永久安置人口有限，拟取消建设 10 个安全台，洪湖东分块蓄洪区内人口全部安置在 8 个安全区内。8 个安全区根据规划人口数量调整，总面积为 51.84km²，安置人口 31.22 万人，扣除底水及安全区占用容积后，东分块蓄洪区有效蓄洪容积为 61.51 亿 m³。

洪湖东分块蓄洪区各乡镇人口安置流向如表 6-2 所示，各安全区规模如表 6-3 所示，各安全区人口规划如表 6-4 所示。

表 6-2　洪湖东分块蓄洪区各乡镇人口安置流向表　　　　（单位：人）

乡镇名称	2025 年安置人口	老湾镇	龙口镇	大沙湖管理区	燕窝镇	新滩镇	唐咀村	黄家口镇	大同湖管理区
老湾镇	18 741	18 741							
龙口镇	59 387		59 387						
大沙湖管理区	42 835			33 353	3 450				6 032
燕窝镇	45 921			3 681	41 294	946			
新滩镇	41 674					41 674			
大同湖管理区	37 046	4 281					15 603		17 162
黄家口镇	39 747	756					2 520	36 471	
汉河镇	20 419							20 419	
乌林镇	6 468	6 468							
合计	312 238	30 246	59 387	37 034	44 744	42 620	18 123	56 890	23 194

表 6-3　洪湖东分块蓄洪区各安全区规模

序号	安全区名称	2025 年安置人口/人	2025 年所需安全区面积/km²	规划安全区面积/km²	人均安置面积/m²	围堤长度/km
1	老湾镇	30 246	4.54	4.37	144.49	5.63
2	龙口镇	59 387	8.91	8.72	146.83	9.31
3	大沙湖管理区	37 034	5.56	5.35	144.46	6.71

续表

序号	安全区名称	2025 年安置人口/人	2025 年所需安全区面积/km²	规划安全区面积/km²	人均安置面积/m²	围堤长度/km
4	燕窝镇	44 744	6.71	6.56	146.61	7.59
5	新滩镇	42 620	6.39	12.24	287.19	4.26
6	唐咀村	18 123	2.72	2.69	148.42	4.45
7	黄家口镇	56 890	8.53	8.45	148.53	7.94
8	大同湖管理区	23 194	3.48	3.46	149.18	10
	合计	312 238	46.84	51.84	166.03	55.89

表 6-4 洪湖东分块蓄洪区各安全区人口规划表 （单位：人）

序号	安全区名称	安置人口	区内已定居人口	区外需迁入定居人口
1	老湾镇	30 246	3 738	26 507
2	龙口镇	59 387	16 225	43 162
3	大沙湖管理区	37 034	16 616	20 418
4	燕窝镇	44 744	10 377	34 367
5	新滩镇	42 620	13 348	29 272
6	唐咀村	18 123	5 460	12 664
7	黄家口镇	56 890	8 904	47 986
8	大同湖管理区	23 194	8 833	14 361
	合计	312 238	83 501	228 737

但是各安全区呈现小、散、弱的状况，且蓄洪功能导致土地资源的稀缺，建议应抢抓"安全建设工程"机遇，根据乡镇之间联系紧密程度、资源共享情况，与洪湖城镇规划相衔接，进行城镇地域群体组织，科学、合理地确定安全区数量，以及各乡镇的职能结构。

按照"比较优势，突出重点"原则，在目前规划建设的 8 个安全区的基础上，沿高速公路集中规划建设新滩和新堤两个大安全区，实行"平时与战时结合"的原则，既有利于分洪人员的转移安置，又有利于经济发展的需要。

2. 大安全区（新滩+新堤）设置

新滩新区是 2007 年经湖北省省委、省政府批准挂牌成立的，是洪湖市规划重点发展的地区。2012 年，武汉经济技术开发区与洪湖市政府签订合作协议，共建武汉经济技术开发区新滩新区，重点发展汽车零部件制造业，将新滩新区建成"产业转移的承接地，以城带乡的试验区"，打造成"千亿级产业园"。

为了深入贯彻落实科学发展观和经济建设、政治建设、文化建设、社会建设、生态文明建设"五位一体"的总体布局要求，全面落实武汉经济技术开发区和洪湖市委、市政府对新滩新区的开发建设要求，强化新滩新区在洪湖市与武汉城市圈的节点衔接作用，坚持"高标准、高质量、高水平"的发展思路，加快转变经济增长方式，突出新滩区位优势和地域特征，走新型工业化、信息化、城镇化、农业现代化协调发展道路，加大城、乡统筹发展力度，推动新滩新区实现跨越发展。为此，武汉市规划研究院于 2013 年 7 月编制了《武汉经济技术开发区新滩新区总体规划（2012—2030 年）》，新区总体规划面积 69km²。

该规划提出，新滩新区的发展定位是：武汉经济技术开发区共建示范园区、洪湖市域副中心；其建设目标是：①紧抓武汉城市圈一体化发展的历史机遇，着眼于构建武汉城市圈经济实力最强的共建示范园区的需要，通过承接武汉市和沿海地区产业转移，接受武汉经济技术开发区的辐射，形成以汽车整车及零部件产业为主导，电子信息、农产品加工、新型建材产业为特色的制造业基地；②强化洪湖市域副中心和东部门户地位，加强城镇综合实力和自我发展能力，建设面向区域的道路交通体系，构建体系完善的公共服务网络，建立承载力高的基础设施系统，保持优质的水乡特色生态环境，形成具有较为完善的生产性服务和生活性服务，产城一体、宜居宜业的新城区，成为洪湖市乃至湖北省新型工业化和新型城镇化建设的典范。

为妥善协调洪湖市经济社会发展、武汉经济技术开发区新滩新区的建设与洪湖东分块蓄洪区安全建设工程的关系，应在东分块蓄洪区内设置一个新滩扩大安全区，区内人口安置采取安全区定居安置，分别安置在拟建的新滩扩大安全区和洪湖市城区所在地的新堤安全区。新滩扩大安全区的面积，按安置人口数量及人均 150m² 占地标准计算，所需安全区安置面积为 39.35km²，考虑到新滩新区的发展趋势及新滩新区总体规划要求，新滩扩大安全区面积为 69.35km²，扣除底水和安全区占用容积后，东分块有效蓄洪容积为 59.79 亿 m³；新堤安全区面积维持原洪湖分蓄洪区二期工程确定的 27.79km² 不变。洪湖东分块蓄洪区各乡镇人口安置流向如表 6-5 所示，各安全区规模如表 6-6 所示。

表 6-5   洪湖东分块蓄洪区各乡镇人口安置流向表   （单位：人）

乡镇名称	2025 年安置人口	新滩扩大安全区			新堤安全区需迁入定居人口	备注
		小计	已定居人口	需迁入定居人口		
老湾镇	18 741				18 741	
龙口镇	59 387	59 387		59 387		
大沙湖管理区	42 836	42 836		42 836		

续表

乡镇名称	2025 年安置人口	新滩扩大安全区			新堤安全区需迁入定居人口	备注
		小计	已定居人口	需迁入定居人口		
燕窝镇	45 921	45 921		45 921		
新滩镇	41 674	41 674	26 641	15 033		
大同湖管理区	37 046	32 766		32 766	4 281	
黄家口镇	39 747	39 747		39 747		
汊河镇	20 419				20 419	
乌林镇	6 468				6 468	
合计	312 238	262 330	26 641	235 689	49 908	

表 6-6　洪湖东分块蓄洪区各安全区规模表

序号	安全区名称	2025 年安置人口/人	2025 年所需安全区面积/km²	规划安全区面积/km²	备注
1	新滩扩大安全区	262 330	39.35	69.35	新滩扩大安全区面积包括新滩工业园区面积
2	新堤安全区	49 908	7.5	28.78	新堤安全区面积维持原洪湖二期规划面积
	合计	312 238	46.85	68.13	

二、安全区最适规模

（一）新滩安全区面积的确定

1. 扩大安全区面积的必要性

1）原有批复安全区面积

根据 2013 年 11 月由洪湖市人民政府正式批复的《武汉经济技术开发区新滩新区总体规划（2012—2030 年）》，确定 2030 年规划区范围 58km²，其中规划建设用地面积 46.76km²，居住人口达到 22 万人，其中本地农业常住户籍人口约 2.5 万人。

该规划提出，为保证新滩新区远期发展空间，促进该区域向综合性城市转变，规划在沿东荆河和内荆河之间地带向南至汉阳沟充分发展后，远景拟跨越内荆河向东发展，依托内荆河周边自然生态环境较为优越的条件，沿线布局居住用地及公服中心。远期发展构想至 2050 年，规划区范围为 69.35km²，其中规划建设用地总规模控制在 57.74km²。

2）"安全建设工程"需求

根据"安全建设工程"人口安置方案Ⅱ，洪湖东分块蓄洪区共涉及 9 个乡镇

（含农场管理区），区内规划总人口 31.22 万人，需定居安置在新滩安全区与洪湖市城区所在地的新堤安全区，其中新滩安全区需承担 26.2 万余人分蓄洪转移人口安置任务，含新滩新区安全区内现有 3 万余人，须接纳外界转移人员 23 万余人。分蓄洪转移人口数量已超过总体规划期末（2030 年）所控制的人口规模 22 万人。建议可充分利用远期发展空间，促进城市跨越内荆河向东发展并作为分蓄洪转移人口居民安置点。

3）初步用地方案测算

目前，七一沟以北区域工业用地已基本完成出让或处于已签约状态，新滩老镇区现状建设量较大，不宜进行居民集中安置，分蓄洪转移人口将主要布局在七一沟以南区域和内荆河以东区域。

考虑到新滩新区城市化阶段特征及分蓄洪转移人口需求，按照人均城市建设用地 150m² 标准测算，参照城市总体规划各类用地占比，针对 26.2 万转移人口测算各类建设用地需求。其中，居住用地按人均 36.4m² 计算，共需居住用地 9.46km²，主要包括内荆河以东区域全部居住用地、内荆河以西上湾居住区全部居住用地、磁器湖以东幸福居住区大部分居住用地；工业用地按人均 50.6m² 计算，共需工业用地 13.16km²，基本覆盖新滩新区剩余全部工业用地，包括七一沟南侧西岸工业园和磁器湖周边磁器湖产业园区；其他建设用地需求分别为：仓储物流用地 1.08km²，公共管理与公共服务用地 1.19km²，商业服务业设施用地 1.70km²，绿化用地 7.81km²，公用设施用地 0.36km²，交通设施用地 4.24km²。

目前，七一沟以北区域已建建设用地约 10.38km²，则未来新滩新区建设用地需求应不少于 49.68km²，且工业用地应不少于 13.16km²。

综合考虑洪湖市经济发展布局，新滩新区因蓄洪区安全建设工程人口转移安置方案引起的人口数量骤增，规划产业带动的人口流入等因素，将新滩安全区面积扩展至 69.35km² 是十分必要的。

因"安全建设工程"引起的大量人口转移对新滩新区城市发展造成了较大影响，新滩新区总体规划将不适应未来城市发展需求，应按程序对总体规划进行修编，上报原审批机关重新审批后，作为洪湖东分块蓄洪区安全区扩大的依据。

2. 扩大安全区面积的可行性

新滩安全区面积扩大的可行性，主要是分析对洪湖东分块蓄洪区的影响。根据上文对洪湖东分块蓄洪区面积、容积的复核成果，本阶段仍维持项目建议书阶段及蓄洪工程可研阶段的成果，即洪湖东分块蓄洪区总面积 883.62km²，扣除底水及安全区占用容积后，总蓄洪容积为 65.40 亿 m³。

根据本次人口转移安置推荐方案，洪湖东分块蓄洪区内设一个安全区，即新滩安全区，安全区面积拟定为 69km²。此方案蓄洪区的蓄洪参数与蓄洪工程可研阶段的成果对比如表 6-7 所示。

表 6-7　洪湖东分块蓄洪区面积、容积两阶段方案对比表

水位（黄海高程）/m	蓄洪工程可研阶段成果		安全建设可研采用成果		差值	
	面积/km²	容积/亿 m³	面积/km²	容积/亿 m³	面积/km²	容积/亿 m³
30.48	883.62	65.87	883.62	65.87	0	0
底水位时相应面积、容积	133.77	0.47	133.77	0.47	0	0
扣除底水后的容积（未扣安全区）		65.40		65.40		0
安全区占用	47.17	3.54	69.00	5.61	+21.83	+2.07
扣除底水、安全区占用后的面积、容积	836.45	61.86	814.62	59.79	−21.83	−2.07

通过对表 6-7 的分析，新滩安全区布局调整后，安全区占用面积将增加 21.83km²，安全区占用容积将增加 2.07 亿 m³，相应蓄洪有效容积减少 2.07 亿 m³，扣除底水及安全区占用容积后，洪湖东分块蓄洪区有效容积为 59.79 亿 m³，满足长江防洪规划要求的东分块蓄洪区 50 亿 m³ 的蓄洪任务。由此可见，新滩安全区面积扩大为 69km² 对东分块蓄洪基本无影响，是可行的方案。

（二）安全区围堤堤线的布置

1. 新滩安全区堤线布置

通过上文所述，规划新滩安全区总面积 69km²，对于新滩安全区的面积和围堤堤线布置，有两个具体堤线方案可供选择。

1）堤线方案一

西侧在大同电排站处与东荆河右堤桩号 162+700 搭脑，沿汉阳沟东堤向南接内荆河左堤，顺内荆河左堤往东，在蔡家河口下游（北沟村）跨过内荆河，沿蔡家河右堤向东后折向北，至新洲村附近转向西北，沿长沟左侧北行，至仰口电排站出水渠，与长江干堤桩号 0+000 搭脑。

2）堤线方案二

西侧在大同电排站处与东荆河右堤桩号 162+700 搭脑，沿汉阳沟东堤向南至内荆河左堤，在坪北村附近跨过内荆河，向东分别跨越三汊河的两条支沟和蔡家沟、金泗沟，向北在新滩口排水闸右岸与长江干堤相接，形成封闭圈。新滩安全区围堤堤线方案的对比如表 6-8 所示。

表 6-8　新滩安全区围堤堤线方案对比表

序号	项目	单位	数量			备注
			方案一	方案二	方案一减方案二	
1	安全区围堤长度	km	23.78	19.44	4.34	不含长江干堤和东荆河堤
	加固堤防长度	km	14.7	7.44	7.26	汉阳沟堤、内荆河堤
	新建堤防长度	km	9.08	12	−2.92	
2	水系恢复					
	新建节制闸	座	3	5	−2	
3	堤防土方工程量	万 m³	1027	871	155	
	加固堤防	万 m³	595	301	294	
	新建堤防	万 m³	431	570	−139	
4	占地					
	永久占地	亩	2105	1886	219	
	临时占地	亩	7695	6532	1163	

3）方案比选

从堤线长度看，①加固堤防长度：方案一比方案二长 7.26km；②新建堤防长度：方案一比方案二少 2.92km；③安全区堤防长度：方案一比方案二长 4.34km。从水系恢复需新建节制闸看，方案一比方案二少 2 座。从堤防土方工程量及占地指标看，方案一均比方案二搭配。由此可见，方案二略占优势。

从地形、地质条件看，虽然方案一中加固堤线长度比方案二长 7.26km，但均是在现有汉阳沟堤和内荆河堤防的基础上进行加固达标的，这些堤防形成时间较长，经过多年预压沉降，堤基基础相对比较稳定，有利于堤防加高增厚；对于新建堤防段，方案一比方案二要少 2.92km，而且，方案一的新建堤线段沿线地势较高，地面高程为 22.5～27m，而方案二新建堤线段沿线大多为鱼塘，地势较低，地面高程为 21.5～22.00m，堤线形成难度较大。综合比选，新滩安全区围堤堤线推荐采用方案一。

2. 新堤安全区堤线布置

新堤是中共洪湖市委、市政府机关所在地，是洪湖市政治、经济、文化中心，分洪时是分蓄洪区指挥调度中心。这里机械、建材、纺织、化工、服装、粮油经济发达，农业及水产养殖兴旺，外贸创汇较多，中等专业学校、普通中学、小学有数十所，水、陆交通方便，是汉洪、沙洪、蒲洪、新洪等公路的起点站。市区设三个办事处：新堤办事处、滨湖办事处、石码头办事处。

新堤安全区是洪湖分蓄洪区二期工程规划 12 个安全区中最大的一个安全区，地处洪湖分蓄洪区中部，南临长江，西北是烟波浩渺的洪湖，内荆河将安全区分为东、西两部分。安全区似一个三角形，东西向斜边长约 10km，南北向（垂距）约 3.5km，围堤（含长江干堤）长 24.383km。安全区面积 28.78km²，耕地 4.48 万亩，人口 12.5 万。

新堤安全区的首要任务是保护城区人民的生命、财产安全，保护党政机关、工厂、学校、商店的安全；第二是新堤地处分蓄洪区中心，交通发达，通信方便，分蓄洪总指挥部拟设该地；第三是转移安置螺山、滨湖、乌林、小港农场等乡镇人口约 12 万人。

根据前述分析，洪湖东分块蓄洪区内约有 5 万人需永久安置在新堤安全区，按人均 150m² 占地计算，需要 7.5km² 的安全区面积来安置这部分人口。对于新滩安全区的面积和围堤堤线布置，具体有以下两个方案可供选择。

1）堤线方案一

维持现有新堤安全区面积 28.78km² 不变，将未完全形成的安全区围堤按原洪湖二期规划的堤线走向补全，形成完整封闭圈。

1991 年 11 月，水利部同意批复"新堤安全区推荐的大方案进行建设，该安全区地位重要，工程规模较大，请提出专项设计，报长委审批"。湖北省水利厅报送了由湖北省水利水电勘测设计院编制的《湖北省洪湖分蓄洪区二期工程新堤安全区扩大初步设计报告》。1996 年 3 月 31 日至 4 月 3 日，长江水利委员会在洪湖市召开会议，对该报告进行了审查，于同年 11 月报送审查意见。1997 年 2 月 25～27 日水利部水利水电规划设计总院在北京对该报告进行了复核，并报送水利部，总共核定投资 14 961.27 万元，分 4 年完成。

安全区工程为三等中型工程，其主要建筑物围堤及涵闸为三级建筑物。以长江 1954 年型洪水为设计洪水位，分蓄洪区水位 30.48m（吴淞高程 32.50m，下同），堤顶高程 32.48m，堤面宽 8m，内外边坡 1:3，围堤全长 24.383km（其中长江干堤 9.905km，内围堤 14.478km），设计土方 559.39 万 m³；穿堤建筑物有 4 座防洪闸（内荆河防洪闸，开敞式，孔口尺寸 8m×11m，设计流量 24m³/s；石码头防洪闸，箱涵式，2 孔 3m×4m，设计流量 20m³/s；东灌渠防洪闸，箱涵式，孔口尺寸 3m×4m，设计流量 12m³/s；幸福渠防洪闸，箱涵式，孔口尺寸 3m×4m，设计流量 10m³/s），3 座交通闸（新洪路交通闸、仙洪路交通闸、蒲洪路交通闸），以及专业项目迁建和恢复水系等项目。1998 年 4 月 17 日，新堤安全区正式破土动工。

目前，新堤安全区围堤已完成 10.134km，尚有 4.344km 围堤未实施；核定的 4 座防洪闸，完建石码头电排河防洪闸 1 座，将完建幸福渠防洪闸项目改为修建撮箕湖泵站和荣丰泵站，东灌渠防洪闸和内荆河防洪闸暂未实施；核定的 3 座交通闸，完建新洪路交通闸 1 座，仙洪路交通闸、蒲洪路交通闸未实施。

本方案利用"安全建设工程"的契机，将新堤安全区 4.344km 未完成的围堤工程及配套的部分防洪闸、交通闸全部实施完成，现有新堤安全区形成完整保护圈，将极大提高洪湖城区的防洪安全性。

2）堤线方案二

随着地方经济的不断发展，新堤安全区作为目前洪湖分蓄洪区内唯一的粗具规模的安全区，其面积已不能适应洪湖市经济发展的要求，与洪湖市政治、经济、文化中心的地位不相适应。根据地方政府的诉求，将现有新堤安全区向西北侧适当扩大，以满足洪湖市地方经济发展对防洪保安的需要，促进洪湖市经济可持续发展。

方案二的安全区围堤堤线走向：西侧沿新堤排水渠左堤至洪湖大湖围堤，北面至三八湖，再沿内荆河左堤与现有安全区围堤相接，形成封闭圈，新增安全区面积 28.75km²，新堤安全区总面积 57.53km²。

本方案需加固洪湖大洪围堤 16.7km，新建围堤 4.227km，其中新增围堤 2.7km，原安全区围堤缺口 1.527km。

三、促进安全区间一体化

（一）洪湖东分块蓄洪区空间结构现状问题

现阶段，洪湖东分块蓄洪区的空间结构特征存在以下问题。

（1）乡村居民点布局分散，农民生活条件改善困难。洪湖东分块蓄洪地区村民点整体分散，部分区域呈现零星散点布局，使得基础设施（就地城镇化）的建设成本加大。同时，大多村庄人口规模偏小的现状使得基础设施使用率偏低，因此，村镇节点需要进一步优化，以提高农民生活水平。

（2）乡村居民点建设用地规模大，土地资源浪费严重。土地资源是稀缺的不可再生资源，是城市和乡村发展的根本，当前，洪湖东分块蓄洪区内乡村居民点存在人口规模小但人均建设用地大的问题。经计算，洪湖东分块蓄洪区面积为 883.6km²，占洪湖总面积的 1/3，但是，区内人口仅占总人数的 1/4，人均占用面积大于洪湖市平均水平，人少地多的现状是对土地资源的浪费。

（3）乡村居民点规模均匀，带动性弱。区内乡村居民点具有同一级别内规模分布平均的特点，带动性较弱。除新滩镇外，多数行政村镇发展水平相近，缺乏有带动性的中心村。因此，乡村居民点的规模需要进一步优化，以利于乡村发展水平的提高。

（4）城镇居民点职能单一，吸引力小。区内城镇存在的中心作用不强，相对于传统的集市，区内建制镇的中心作用多体现在其行政职能上，作为区域经济中心的作用逐步弱化，缺乏对人口的吸引力，不利于自身发展。因此，城镇居民点的职能亟待丰富，有利于自身发展。

（5）交通线的支撑作用不强，影响点之间的互动。乡镇交通网络等级结构不合理，连通度存在空间差异，安全度不高的特征，村镇要发展，尤其在分蓄洪区内就必须要加强彼此之间的联系，构建等级分明、区域连通度良好并安全的交通网络。

（6）农业生产布局分散，土地利用率低。区内很多乡镇的农业生产各自为政，还停留在传统自给自足的小农经济模式下，农业要素难以得到统筹利用，农业生产能力较低，土地利用率低下。

（7）城乡间联系薄弱。城镇与乡村居民点经济联系薄弱，农民生产积极性大幅度降低，纷纷外出务工，使得乡村生产力大量流失，农业缺乏动力，从而进一步削弱了城乡之间的经济联系，使城镇和乡村各自发展，在一定程度加大了城乡分异，加速了城乡二元化。

综上所述，洪湖东分块蓄洪区内空间结构存在三个方面的问题：一是乡镇节点缺乏发展动力；二是乡镇交通网络支撑性弱；三是域面缺乏整合和联系。这些问题的存在折射出目前县域村镇空间结构的不合理性，限制了村、镇节点的发展，导致城乡差距增大，而城乡差距的进一步增大又必定会导致乡村人口的进一步流失，致使乡村的发展失去动力源，造成乡村空心化、农业用地利用率低、城乡在经济上的互动联系愈加薄弱等后果，从而加剧点、线、面结构的不合理性。为使研究地区经济获得良性发展，应以恰当的思想理念为指导来为优化村镇空间结构各要素指明方向，从而解决"如何对村镇空间结构进行优化"的问题。

（二）洪湖东分块蓄洪区县域空间结构优化总体策略

1. 优化县域村镇节点体系

城镇与乡村都能从自身条件出发，充分发挥各自优势，相互取长补短、合理分工，实现共同发展。要实现城乡协调、促进城乡合作，首先要建立梯次明确、特色鲜明的居民点体系，通过以点联点、以点带面来保证城乡协作的顺利进行。具体策略有以下三点。

（1）优化县域村镇节点等级体系。基于城乡整体协调下的县域村镇节点等级体系优化中，应添加发展重点小城镇和新农村社区的思路，以加强城乡整体协调的原则来对洪湖东分块蓄洪区的村镇空间节点等级体系做出调整。

（2）优化县域村镇节点职能体系。城镇体现区域经济聚集性，以发展第二、第三产业为主。乡村为城镇的集聚提供产品、土地、环境等保障，主要以发展第一产业为主，适当发展乡村旅游等第三产业。在村镇节点职能体系的优化中，应以此为认识基础，使村镇节点职能分工明确、功能相互结合，从而激发各自活力，以城带乡、以乡补城，实现城乡共生共荣，以满足城镇与乡村各自发展的要求。

（3）优化区内村镇节点空间分布。城乡资源的协调，重点在于城乡土地资源协调流转和基础设施的共享。那么，基于城乡资源协调来优化村镇节点的空间分布，可以理解为"以城乡土地资源协调和基础设施的共享为导向来对村镇节点的空间分布进行调整"。区内乡村居民点存在分布分散、规模小的特点，造成土地浪费、基础设施配套难等问题，是阻碍城乡土地协调流转和基础设施共享的直接因素。目前，应积极建设一些新型农村社区，大大改善农民的生活条件，提高农村宅基地的土地利用率，促进城乡土地流转。

综上所述，村镇节点空间分布的优化中，为实现城乡土地资源协调流转和基础设施的共享，应以乡村居民点的集聚为重点，以新农村社区建设为中心，对位于不同地形分区内不同类型村庄的空间布局方式做出引导，从而实现对村镇节点空间分布的调整。同时，利用安全区建设的契机，通过对乡村居民点迁、并方向与方式的引导，实现村镇节点规模体系的调整与优化。

2. 优化县域交通和基础设施网络

城乡互通的本质是要求城乡资源、信息、劳动力等要素在城乡内顺利流通，以加强城乡之间的联系。在城乡统筹的战略背景下，强调的不仅仅是县域内城镇与乡村的联系与合作，还有与周边城镇、与市域中心城市乃至区域中心城市之间的联系与合作。资源、信息、劳动要素流动与流转并不仅仅局限于县域范围内的城镇与乡村之间，也会在城镇与周边城镇，城镇与市域中心城市乃至区域中心城市之间流转。在城乡统筹的大背景下，应以加强城乡之间的联系与合作、实现城乡互通为目标，以与镇域经济的发展模式相一致为依据，对镇域交通网络进行优化。

综上所述，针对洪湖东分块蓄洪区交通网络结构不合理、连通性有空间差距的情况，交通网络的发展应兼顾广大农村交通网的形成和重点城镇交通网的完善，以加强与区域的互动，加强区内城镇的合作，以及加强广大农村与城镇的联系和农村彼此之间的联系为目的来优化交通网络，形成层级分明、结构合理的县域交通网络和基础设施网络。

3. 优化县域村镇产业格局

城乡二元结构的一个显著特征是城乡产业分离。城乡产业关联性不强、融合性差，分工不明确、布局不合理，未能在城乡之间形成相互协作、优势互补、共生共荣的产业关系。基于城乡产业互补的村镇产业布局，是在明确城乡产业特色和分工的前提下，建立一种新型的产业关系，要求分洪区内的城镇与乡村产业空间配置既错位又互补，在产业结构上形成有机的整体。城镇重点发展贸易、服务和文化、教育、旅游等具有区域竞争力的现代服务业，强化和提升其对乡村的服务能力。同时宜依托自身的发展基础和资源优势，重点发展第二产业，因地制宜地发展与本身比较优势相适应的特色工业，增强对乡村剩余劳动力的吸纳能力。广大乡村以县域内的城镇和市域内中心城市为消费市场，满足其对农副产品、工业原材料的需求，同时依托自身优势适当发展乡村旅游等第三产业。

基于以上思路，针对洪湖东分块蓄洪区目前农业生产现代化程度低、工业规模化程度不高、"三产"不发达的实际情况，基于城乡互补的县域村镇产业布局，重点关注以下三方面的内容：①关注工业生产与生态环境的冲突问题，引导工业向新型化发展；②要将农业向"生产产业化、技术标准化、服务组织化、营销品牌化"的现代农业发展，以保证农产品向市场的供应；③整合城乡的产业布局，使县域内三种产业相互协调与促进，形成三大产业联动发展、相互促进的产业体系。

四、推进安全区人口城镇化

当前，引导洪湖东分块蓄洪区内农村人口的合理流动，要积极推进两个战略性转变，即由以过去的农村内部流动为主转向往城镇流动为主和由过去的重点以从事第二产业为主转向以从事第三产业为主。具体来看：①要积极稳妥地推进城镇化，繁荣城镇经济，为更多的农村劳动力流动到城镇就业创造更多的机会。②继续发挥乡镇企业在农村就业中的作用，加快体制机制创新，促进大量农村劳动力向安全区及非蓄洪区内流动。③要继续发挥农业作为农村劳动力就业的"蓄水池"作用，推进农业和农村经济结构的战略性调整，大力发展出口创汇农业、高效农业和劳动密集型农产品的加工业。

（一）促进农村人口向安全区流动

经过长期发展，洪湖东分块蓄洪区内主要农产品的供求实现了基本平衡，加速推进城镇化的条件已经基本具备。现今需综合考虑蓄洪区内人均收入、工业化、产业结构、就业构成、流动人口等关联因素，吸纳更多的农村劳动力就业。推进蓄洪区内城镇化的同时加快发展城镇经济，为农村人口进入城镇创造更多的就业机会。发展洪湖东分块蓄洪区内城镇经济，应结合经济结构战略性调整，根据城镇功能定位，立足比较优势，形成特色经济，增强可持续发展的能力。

依托工业突破发展城镇经济。武汉经济技术开发区与新滩新区"联姻"后，在产业布局、基础设施、社会发展、生态环保、城乡规划建设等方面实现一体化发展。新滩新区建设按照"重规划、办产业、建新城"的思路，突出城镇化和产业集聚。可有效吸纳洪湖东分块蓄洪区内的农村人口就业，促进当地城镇化发展。

（二）促进农民在农村就地流动

乡镇企业在吸纳农村劳动力就业、增加农民收入、促进农业发展等方面做出了巨大贡献。目前，洪湖东分块蓄洪区内农民人均纯收入中有一部分是来自乡镇企业的工资收入，可见乡镇企业仍是推进蓄洪区内农村工业化的重要力量，也是吸纳农村劳动力就业的重要渠道。要进一步发挥洪湖东分块蓄洪区内乡镇企业在吸纳农村劳动力就业方面的作用，就要重点做好以下三点。

（1）乡镇企业的定位问题。乡镇企业要结合洪湖产业结构的战略性调整，重点发展农副产品加工业及洪湖龙头产业。积极运用先进、适用技术改造生产工艺，开发产销对路的新产品，提高产品的技术含量和市场竞争力。

（2）乡镇企业的组织问题。要适应农业产业化经营发展的需要，积极探索与农民建立利益共同体的有效途径，力求做到实现自身发展与促进农民富裕的有机结合。要加快乡镇企业产权制度的改革，按照建立现代企业制度的要求，逐步建立产权清晰、权责明确、管理科学的企业制度。

（3）乡镇企业的布局问题。要优化乡镇企业布局，逐步引导乡镇企业向安全区集中。结合当地情况，在统筹规划的前提下，从引导新建乡镇企业进入乡镇特色工业小区着手，抓好特色工业园区和工业小区建设，实施以增量带动存量调整战略，逐步实现乡镇企业的相对集中布局。

此外，加快发展农村第三产业。目前，洪湖东分块蓄洪区内农村金融、信息、文化娱乐等第三产业的发展还不发达，具有较大的发展潜力。要加快发展金融保险、农林牧渔服务、综合技术服务业等为生产和生活服务的部门，提高这些部门的服务质量和水平，逐步建立健全高效的资金融通体系、技术服务体系和信息传递机制。要合理开发特色资源，充分利用蓄洪区内风景名胜及人文景观，在加强旅游资源开发的同时，把工作的重点放在完善配套设施、加强管理、改善环境上。

第二节 工程建设协同工业化推进政策

考虑蓄洪工程建设和该地区分蓄洪功能定位的影响，选择不同发展阶段下的主导产业、主导产品，制定产业结构调整目录。基于产业价值链的分析思路，因地制宜地设定洪湖东分块蓄洪区产业发展路线图。

一、调整产业结构方向

分蓄洪区是战略防洪储备工程，一直以来存在运用与发展的矛盾。结合分蓄洪区工程的实际情况，可实施产业引导发展机制，按照以下导向来调整产业结构和发展模式：首先，以吸纳就业为导向，进行产业调整。进一步营造全民创业氛围，积极引导在外务工能人返乡创业，大力扶持高校毕业生、城镇失业人员、退役军人、失地农民、零就业家庭等群体的就业、创业。其次，以环境保护为导向，进行产业结构调整。分蓄洪区不仅仅承担着防洪任务，也属于"南水北调"中线工程丹江口水源保护区的范围，当地保护水质的任务要放到重要的位置。因此，在进行产业调整的时候要以保护生态，保护环境为导向，发展生态型、绿色型产业。最后，以规模化经营为导向，进行产业结构调整。依照微观经济学的规模经营理论扩大生产规模，一方面，增加产出，提高经济效益；另一方面，减少分摊在每单位产品上的固定成本，从而降低生产的单位成本。洪湖东分块蓄洪区内多数为比较分散的小企业和小农户生产，变分散经营为规模经营，是提高综合生产能力的一种途径。

目前，洪湖东分块蓄洪区的基本功能是防洪和农业生产，而农业生产受洪涝灾害影响很大，往往是"大干苦干拼命干，一场大水就完蛋"。一味地发展传统的、简单的、低效的粮食生产，既不可能脱贫致富，也影响分蓄洪区的运用。随着土地资源的紧缺，以及周边地区的社会经济发展，分蓄洪区的产业发展必须适应其环境，根据自然生态规律，合理利用分蓄洪区的土地资源。洪湖东分块蓄洪区是武汉市的"后花园"及武汉城市圈的"观察员"，在此定位下，需要针对以下产业进行结构调整：第一产业的畜牧业、种植业、水产业等；第二产业的农副产品加工业、当地具有优势的工业企业等；第三产业的旅游业、服务业、餐饮业等。

二、产业转型升级路线图

为了形成安全区与非安全区发展模式，实现"分洪时保安全，不分洪时促发展"的目标，需要进行以下调整：在安全区，鼓励支持大型企业落户发展，承接发达地区产业转移，推进安全区内城镇化、工业化建设步伐，促进地方经济发展，财政增收，扩大就业；在非安全区，以农业产业为主，鼓励土地流转和土地集约化、规模化生产经营，逐步形成农业生产机械化，大力引入大型现代农业企业，推进农业现代化发展。

（一）扩大第一产业经营范围

分蓄洪区的土地大致可分为耕地、河渠、湖泊、池塘、洼地、高岗地及未利用地等类型。要在保持蓄洪能力的前提下，保护性地开发这片土地，保持建设与其地位相适应的产业结构，形成不怕淹或耐淹的生产体系，一旦运用不当就会造成特别大的破坏。把分蓄洪区看做一个完整的生态系统，这个生态系统中有水域、湿地、荒滩、耕地、村落，有水生植物、湿生植物、农作物、灌木丛、杂木林，有各种野生和家养的动物。根据不同生物特性，划区划片，发挥土地资源和雨水、洪水资源优势，发展以水生生物饲养和种植为主的大农业经济。

高产稳产的农田应该是既抗旱又耐涝，养分充足，各种养分之间的比例适合于植物需要，速效养分和缓效养分都比较丰富，水分和空气协调得好，既保有大量有效水分，又保有充足的空气，土温较高而且稳定，耕层土壤上虚下实。农村减免农业税，分蓄洪区内农民种粮的积极性高涨。在种植业方面应努力抓好夏季作物的生产，在进洪机遇较少的地区，应"保夏夺秋"，在秋季种植耐水作物，能收则收；在进洪机遇较多的地区，则应"弃秋夺夏"。

在种植结构上，应坚持以效益为中心，以市场为导向，以科技为依托，以农业增产、农民增收为目的，积极发展避灾保收农业，研究推广早熟、生长期短、经济价值高的作物品种，提高特色经济作物比重，因地制宜，突出特色，注重质量，提高农产品市场竞争力。通过调整使种植业产值大幅度提高，促进农村经济发展。①调整粮经结构。适当调减粮食作物面积，调整作物内部结构，大力发展高效经济作物。②改善品质结构，选择优质品种，发展优质农产品，进一步健全农业标准化体系，建立一批农业标准化示范区。③本着有利于抗灾避灾和规模种植、区域化开发的原则，科学布局。在长年积水区，发展席草、莲藕等水生作物；在低洼易涝区，重点发展水稻和水生蔬菜；在靠近城镇周边地区，重点发展棉花、油菜和蔬菜等经济作物。种植结构的调整一定要与区域产业结构的调整相配套，充分考虑市场供求、流通、加工等一系列环节问题（表6-9）。

表 6-9 洪湖东分块蓄洪区各乡镇第一产业基本情况

乡镇名称	耕地/hm²	农作物产出/万 t	主要农产品
大同湖管理区	2 271.86	10 901	水稻、小麦、棉花、油料、蔬菜
龙口镇	3 825	44 865	棉花、油脂
新滩镇	3 989.9	60 020	水稻、玉米、油菜
汉河镇	6 652	4 609	粮油
大沙湖管理区	3 213.12	16 900	小麦、西瓜、棉花、油菜、水稻、玉米等
黄家口镇	3 534	36 614	水稻
老湾镇	1 166	9 463	小麦、中稻
燕窝镇	6 493	58 658	小麦、大豆
乌林镇	3 889	41 181	粮油

在分蓄洪区内可以蓄上一定的水，利用广阔的水面资源，促进水产养殖等，实行禽、畜、鱼立体混养，优势互补。据初步测算，一亩水面养殖的收入可以达到一亩稻谷或小麦一年产值的十倍左右，如果精养或特种养殖，则高出几十倍，甚至上百倍。大力发展池塘精养和大中型水面的围栏养殖，发展名、特水产品生产，在一定程度上可以提高部分群众的经济收入。综上所述，洪湖东分块蓄洪区发展必须全力抓好粮食生产、虾蟹苗种本地化繁育和畜牧生产，确保粮食增产。向"洪湖清水"等洪湖水产知名品牌靠齐，向洪湖的产业政策靠拢发展。

（二）有序推动工业企业向安全区转移

洪湖东分块蓄洪区各乡镇的第二产业以农产品加工为主，还有部分的轻工业，各乡镇的第二产业产值发展水平也不一样，针对上述状况，应有序推进工业企业向安全区转移（表 6-10）。

表 6-10 洪湖东分块蓄洪区各乡镇第二产业现状

乡镇名称	主要工业产品	第二产业产值/万元
大同湖管理区	化纤、无纺布、塑料制品及皮棉、食用油、大米等农业加工产品	10 149
龙口镇	棉花、油脂、饲料农业加工产品	25 577
新滩镇	玻璃、生物科技	
汉河镇	玻璃钢	
大沙湖管理区	钻床、散热器	68 000

续表

乡镇名称	主要工业产品	第二产业产值/万元
黄家口镇	胶合板、大米、汽车零部件、服装、水产品	4 842
老湾镇	粮油加工、涵管	11 210
燕窝镇	月饼、夹板、登山用品、白酒	18 842
乌林镇	水产饲料、浸塑衣架、酒、温泉	2 721

有序承接非安全区的工业企业，推动新滩新区纳入长江经济带和武汉城市圈战略组成部分，加快产城一体化进程。积极推进中小企业成长工程，推进实施全民创业工程，大力培育新兴市场主体。鼓励企业通过股权融资、股份合作等形式，盘活亏损企业的闲置工业用地和资产。探索推行"政、企、银"合作模式，着力解决企业信贷融资难题。用好政府性帮扶资金和贷款，确保精准发力，达到最佳效果。继续开展企业家培训工作，引导企业增强品牌意识，增加研发投入，促进企业健康可持续发展。

充分利用非安全区的农、副产品资源，承接农、副产品深加工企业，在安全区积极兴建和扩建龙头企业，使之成为农业规模化、集约化生产的载体，改变靠天吃饭、以手工劳动为主的方式，引入工业化的生产工艺，把分散的一家一户农业生产纳入到企业化生产经营体系中去，通过资金扶持、产销服务、信息引导等手段建立起联结农户与市场、生产与销售的桥梁，有力地促进种植业结构调整。搞好基地建设，实行区域种植，统一管理，优质水稻生产要实行统一规划，做到单收、单贮保证质量。做好宣传工作，拓宽市场首先是扩大专业市场，建立现代化的信息网络，与洪湖乃至湖北省各大市场进行联网，做好服务工作，吸引客商。大力承接并发展其他一些类型的乡镇企业，如运输、建筑、建材、农机、维修、小商品制造等，真正建立起农、工、商全面经营的现代农村经济结构，将自然经济转化为商品经济，将资源优势转化为经济优势，把洪湖东分块蓄洪区安全区建成环境优美、经济繁荣的新城镇。

（三）加快发展现代工业

进一步加大主攻工业、决战园区力度，不断提升工业经济总量，使第二产业占比大幅提高，重点发展汽车零部件、电子电器、精细化工等产业，以及农产品加工业等特色产业集群，联合洪湖经济开发区、府场经济开发区和三个百亿元产业园区，打造新滩新区经济开发区。

依托特色资源和工业基础，加快推进特色工业园区建设。按照"县域经济特色化、特色经济产业化、产业经济园区化、园区经济集群化、集群经济品牌化"的发展思路，立足洪湖东分块蓄洪区现有产业基础，加快新滩新区基础设施建设步伐，配合洪湖"工业兴市"战略，形成东有汽车零部件、中有水产品加工、西有石化装备的东、中、西并建的工业格局。完善园区基础设施、优化园区发展环境，加大重大项目招商引资力度。突出园区招商和产业招商，突出工业招商和旅游招商，突出淡水产品深加工招商，主动对接产业转移，努力在引进大项目上取得新突破。

（四）开发湿地资源，壮大第三产业

洪水具有两面性，它既是一种会造成灾害的自然现象，又是一种保持自然生态平衡所不可少的生态过程。将分蓄洪区内的低洼地恢复为自然湿地，作为流域生态环境的补偿，可以保持洪水在自然生态环境中所能发挥的洗涤、净化、补充地下水、维持湖沼、改良土壤等重要而有益的作用。茂密的芦苇和水草、成群栖息的水鸟和两栖生物，形成优美、舒适的生态景观环境，是未来发展旅游的理想场所。旅游业是一项综合性的劳动密集型产业，能带动众多相关产业发展，从而产生大量就业岗位，这样既增加了周边地区群众的经济收入，又改善了区域的生态环境。可以结合周边地区的大型水利工程，以及区内庄台、保庄圩、避洪楼建设，构建以水利工程、水景和水上活动为主体的水利景区，开展水利工程观光和水上娱乐活动，发展旅游、服务、餐饮等第三产业。同时可以适度地养鸭，采集菱、藕，开发旅游产品。另外还可以修建湿地，吸引候鸟定居，建设生态保护区，并在湿地周边修建高架式观鸟、度假小屋，建设生态科普考察基地等。

加快洪湖生态、红色教育、温泉休闲三大板块为主的旅游项目开发，启动洪湖旅游港建设；继续争取大湖航道疏浚项目，完成旅游港至蓝田景区航标灯设置。利用洪湖特色资源，开发地域特色鲜明的旅游产品，延长旅游产业链。鼓励戴家场等乡镇发展地方特色乡村旅游，支持观光农业、生态农业等采摘旅游发展。精心打造洪湖旅游精品线路，积极搭建旅游借力发展平台，对市内各主要景区景点统一包装、统一推广，促使洪湖旅游深度融入中南旅游联盟。

在现代服务业方面，需要发展和壮大冷链物流，加快港区仓储配送中心建设，实施新滩重点城镇物流集散中心建设。新滩已有物流、贸易、投资等方面的企业，其他乡镇可向新滩靠拢。实施"粮安工程"，开展粮食仓储达标创优活动，实现"放心粮油"连锁店乡镇全覆盖；开展"新网助农"行动，办好全省县市供销社综合改革试点。引导金融机构创新服务和产品，鼓励村镇银行、小额贷款公司和担保公司继续增资扩股，支持农村实体经济发展；进一步加大不良贷款的清收力度，

严厉打击非法集资行为，着力优化金融生态环境。在洪湖东分块蓄洪区组织开展电商培训，引导企业开展电商交易，培育电商产业基地，促进洪湖东分块蓄洪区的产品融入洪湖优质特色产品，进而走向全国，走向世界。洪湖东分块蓄洪区各乡镇产业基本情况如表 6-11 所示。

表 6-11　洪湖东分块蓄洪区各乡镇产业产值基本情况

乡镇名称	第一产业/万元	第二产业/万元	第三产业/万元	第一产业占比/%	第二产业占比/%	第三产业占比/%
大同湖管理区	35 178	10 149	12 342	61	18	21
龙口镇	15 684	25 577	24 035	25	38	37
新滩镇	60 780	—	—	32	35	33
汊河镇	35 242	—	—	50	30	20
大沙湖管理区	68 441	68 000	15 520	45	45	10
黄家口镇	42 500	4 842	25 161	58	7	35
老湾镇	14 326	11 210	3 650	49	38	13
燕窝镇	47 842	18 842	11 535	62	24	14
乌林镇镇	10 998	2 721	7 400	52	13	35
均值/万元	36 776.777 78	20 191.571 4	14 234.714 2	—	—	—
"三产" 总比例/%	—	—	—	52	28	20

由表 6-11 可以看出，洪湖东分块蓄洪区各乡镇的主要产业还是第一产业，第二、第三产业基本占比比较小，可以看出第二、第三产业的发展规模小。依此现状，就需要通过扩大第一产业经营范围来发展以农、副产品深加工为主的龙头企业，以及开发湿地旅游和物流等的第三产业。"三产"之间是相互联动、相互促进的，在依托当地优势的农业，以及水产之类的第一产业来发展第二、第三产业，而在发展第三产业的同时带动第一、第二产业的发展。反之，某一产业的落后也会抑制其他产业的发展。因此，三大产业要相互协调发展，才能提高区内经济发展水平，进而提高区内居民的收入水平。

三、创新招商引资模式

依照湖北省水利厅等部门于 2006 年下发的《关于加强蓄滞洪区建设与管理若干意见的通知》，分蓄洪区在进行招商引资活动的时候，不得在投资增长等指标上相互攀比、层层加码，不得层层分解考核招商引资任务，严禁采取或变相采取压低土地价格，实行不符合规定的税收优惠政策，降低环保和安全标准等方式招商引资。在上述要求下，洪湖东分块蓄洪区的招商引资策略的着力点要放到适应当地实际情况，符合产业调整方向上来。

洪湖东分块蓄洪区内第一产业占比比较大，种植业（如水稻）、养殖业、水产业等生产活动比较普遍，对于受环保发展限制的工业来说，大力发展农、副产品加工业，以及各种度假村、农家乐等旅游业及服务业是适合当地实际情况的。对于第一产业来说，现阶段最好规模化培育或者开发具有当地特色的产品，只有具有特色才有不可替代性，规模化才能具有较高的生产效益。比如，建立水产养殖区和现代农、牧业新型水产养殖基地。通过人工改造水域深度，养殖世界上各种类型的淡水鱼，同时在水下采取海底世界模式打造一条造型别致的旅游观光通道，并形成水上、水中、水下集观光、体验、品尝于一体的现代农牧业旅游养殖区。因此要为发展特色养殖和规模化养殖的企业或者农户建立优惠政策，大力招商引资，鼓励其发展；对于第二产业来说，主要把握好农副产品加工业的招商引资，应重视该类企业，全力推进产业招商、驻点招商、中介招商和以商招商等工作；在第三产业方面，要因地制宜，依托农户等建立度假村、农家乐等旅游业及服务业，如休闲度假村。在分蓄洪区南侧建设一处高档次、多功能的临水休闲度假村。等级定位中、高档次，以接待中、高档消费游客为主，同时接待商务客人，承办各种商务会议、培训活动。在临水区域搞好绿化、美化，创造良好休闲环境，合理配置住宿、餐饮、购物、娱乐设施，打造洪湖东分块蓄洪区度假村之样板工程。

第三节　工程建设协同农业现代化推进政策

根据洪湖东分块蓄洪区的空间结构，需要兼顾好新农村建设和新型城镇化推进，统筹城乡发展，逐渐形成优势优质资源要素聚集背景下的城乡差距缩小的发展态势。具体内容包括以下几个方面。

一、加快农业现代化步伐

（一）建设特色种植与水产品生产基地

坚持以科学发展观为指导，依托蓄洪区内资源优势，创新发展方式和经营模式，立足优质基地建设，培植壮大龙头企业，打造精品名牌产品，建好园区，促进蓄洪区内农产品加工、流通，提升农业产业化经营水平。充分发挥洪湖东分块蓄洪区内农业资源优势，进一步扩大板块基地建设规模，提升板块基地建设水平，建设特色种植与水产品生产基地。

1. 加强标准化板块基地建设

根据洪湖东分块蓄洪区内产业特点，解决农产品加工龙头企业规模小、档次低；产品开发能力低，精品名牌少；利益联结机制不完善，运行不稳定；信贷紧，融资难的问题，加快农业生产经营方式的转变。一方面，建设当地农产品加工龙头企业；另一方面，大力推进主导产业的基地建设，建设主导产业原材料基地，如优质稻、优质棉、水产、水生蔬菜、速生林、生猪、水禽等板块基地建设，发展订单生产。

洪湖东分块蓄洪区内有"四大家鱼"及中华鳖、河蟹、黄鳝、黄颡鱼、小龙虾、鳜鱼等特色品种，可发挥其资源优势，调整农业结构，建设优势水产品板块。升级改造鱼池，完善配套设施，加强立体生态养殖，优化品种结构，全面提高水产品质量安全水平，做大、做强水产业。建设和辐射鱼、鳖混养板块，建设中华鳖苗种繁育基地，升级改选亲鳖培育池；建设优势种植板块。按照优化模式，改良土壤地力，测土配方施肥，配套田间设施的要求，建设优势种植业板块。建设以江泗口大队为核心的万亩无公害高效蔬菜板块。完善配套田间排灌、道路等基础设施，平整洼化田，建造田间防护林等。改良土壤地力，实施测土配方施肥，开展保护性耕作；建设优质油、稻板块，优质油、棉板块，推广"油—稻""油—棉"种植模式。

2. 大力实施品牌战略

大力实施农业标准化，严格产地准出、市场准入制度，实施全程质量控制和责任追溯，夯实农业品牌的发展基础，引导龙头企业实施品牌整合，尽快做大、做强品牌。组织龙头企业参加国内外有影响力的展销会、订货会，支持媒体进行广告宣传，提高品牌影响力，建立奖励机制，对获省级以上名牌农产品、驰名商标的企业给予奖励，并在项目建设上给予重点倾斜。

3. 大力发展农民专业合作组织

大力发展农民专业合作组织，深入推进示范社建设行动，对服务能力强、民主管理好的合作社给予扶持。鼓励龙头企业与农民专业合作组织协调发展，实现每个龙头企业连接2～3个专业合作社。积极推广"龙头企业+专业合作组织+农户"的组织模式，鼓励农民专业合作组织通过多种形式参股龙头企业，利用龙头企业人才、资金、技术、市场资源优势,引导农民专业合作组织跨区联合与合作,增强服务功能,拓展发展空间,支持龙头企业和农民专业合作组织采取订单农业、入股分红、利润返还等方式,建立"自愿平等、利益共享、风险共担"的利益机制,与农民形成紧密型经济利益共同体。

4. 加大招商引资力度,推进农产品加工园区"满园工程"

积极推进农产品加工园区"满园工程",重点加快以德炎水产为龙头的"名、特、优"外向型加工集群和以井力水产为龙头的"四大家鱼"精深加工集群的发展。要抓好项目管理,加大招商引资力度,促进农产品加工园区的建设,充分发挥洪湖农产品资源优势,多渠道筹集资金,积极引进项目、技术、人才,促进农产品加工业快速发展。

5. 加大对各类农业产业化组织的扶持力度

①在财税政策上给予扶持,对洪湖市级以上各类农业产业化组织,可在财力和政策允许的权限内给予一定年限的税费减免。②在信贷政策上给予扶持。金融部门要降低信贷门槛,对洪湖市级以上龙头企业尤其是中、小型龙头企业安排专项资金用于扶持农产品加工企业。③在投资政策上给予扶持。各级农业、林业、水利开发资金、农业综合开发等专项资金都要重点向农产品加工企业或相关支柱产业、农产品基地投放,通过政府投入加强农业基础设施来降低农业生产者的成本和提高农业经济效益,从而提高农产品加工企业的竞争力。④在科技政策上给予扶持。对农产品加工龙头企业相关的生产技术要给予科技攻关支持和技术推广服务。

(二)提升农业产业化水平

抓住新农村建设契机,按照湖北省省委、省政府提出的"四个一批"发展战略,大力发展农业产业化组织,加大农产品加工园建设,积极发展订单农业和主导产业基地建设,有效地推进蓄洪区内农业产业化经营的发展。同时,创新经营模式,鼓励土地有序流转,支持龙头企业在依法保障农民对承包土地的占有、使用、收益等权利的前提下,通过租赁、股份合作的形式,成片经营农村土地,建设规模化的原料基地。

借鉴河南省舞阳县泥河洼滞洪区农业发展经验,把蓄洪区作为农业综合开发整体推进项目区,建设高标准农田,打破乡村界限,统一规划,梯次推进,连片实施,大力投入农业基础设施,实现农业综合开发任务,项目区达到"田成方、林成网、沟相通、路相连、旱能浇、涝能排、科技先、品种优"的目标。在工程管护问题上,采取拍卖、承包等办法,明晰产权和管护主体,做到"井有主、树有家"，提高管护效率。在完善基础设施的同时，强化科技支撑，发展现代农业，项目区良种普及率达到 100%，培育龙头企业、农民专业合作组织，流转土地，实现农业组织化、集约化、产业化水平大幅提升。

以实施农业综合开发项目区提升工程为重点，全面增强综合示范效应，引领新型农业现代化发展。①致力于打造高标准粮田示范区；②致力于打造现代农业发展示范区；③致力于打造生态观光农业示范区，将洪湖东分块蓄洪区丰富的历史、文化、旅游资源统筹规划起来，大力发展生态农业、观光农业、休闲农业，提高项目区综合效益。具体来说包括以下几个方面。

1. 着力提高农户生产经营的产业化水平

家庭承包经营责任制是农业经营的基础，因此，农民家庭经营是农业产业化最基本的经营模式。要创新农业经营体制机制，当务之急是加快培养新型职业农民，引导有文化、懂技术、善经营的农村致富带头人通过土地依法流转等多种形式，扩大生产规模，培育更多的种养大户，并在此基础上成立适度规模经营的家庭农场，条件成熟的可申领工商企业营业执照。有关部门应在调研基础上按照"生产有规模、产品有标牌、经营有场地、设施有配套、管理有制度"的要求研究、制定不同生产领域家庭农场的认定标准、登记办法、扶持政策，出台有针对性的奖励补助等办法，切实扶持家庭农场的健康发展。

2. 大力提高农民的组织化程度

要认真贯彻党的十八大精神，引导分散的农户按照产业链、产品和品牌组建专业合作社，兴办生产、加工、销售等不同类型的合作组织，完善生产设施，扩大产销对接。而农村土地整理、农业综合开发、农田水利建设、农业技术推广等耗费人力、财力较大的涉农项目，更加适合由合作社承担。要提高办社质量，加强规范运作，严格建章建制，认真执行社员代表大会、理事会、监事会等制度，落实好财务制度和分配制度，严格核算经营成本，让社员满意、社会认可。大力推进示范社建设行动，加快建立部门联合评定发布示范社机制，把示范社作为政策扶持重点。

3. 强力打造新型农业社会化服务体系

要建设中国特色现代农业，就必须建立完善的农业社会化服务体系。总体要求是充分发挥公共服务机构作用，加快构建公益性服务与经营性服务相结合、专项服务与综合服务相协调的新型农业社会化服务体系。发展方向是主体多元化、服务专业化、运行市场化。着力点应当是：①打造强有力的农业公益性服务体系，努力完善服务内容、提高服务能力，使公益性服务机构真正做到全覆盖、有保障，切实发挥其主导作用。②积极培育农业经营性服务组织，可采取政府订购、定向委托、奖励补助、招投标等方式，引导经营性服务组织参与公益性服务，为农业生产经营提供低成本、便利化、全方位的服务，发挥经营性服务组织的主力军作用。③创新服务方式和手段，积极搭建区域性农业社会化服务综合平台，发展多种形式、便捷有效的服务模式。④开展农业社会化服务示范区域创建，通过探索服务模式、总结典型经验、树立推介典型、研究扶持政策，扎实推动农业社会化服务工作深入开展。

4. 充分发挥龙头企业在农业产业化进程中的带动作用

鼓励和引导城市工商资本到农村发展适合企业化经营的种养业，积极为农户提供产前、产中、产后服务，支持龙头企业通过兼并、重组、收购、控股等方式组建大型企业集团，促进龙头企业做大、做强，提升它们对农业产业化的带动能量，创建农业产业化示范基地，促进龙头企业集群发展，支持建设原料基地、节能减排、培育品牌。推动龙头企业与农户建立紧密型利益联结机制，采取保底收购、股份分红、利润返还等方式，让农户分享更多加工、销售收益。

（三）构建现代农业发展支撑体系

1. 加强农业基础设施建设

（1）提高认识，树立农业基础设施建设先行的意识。要改变基础设施落后的状况，切实解决农业基础设施建设中存在的各种问题，就必须转变观念，充分认识到农业基础设施是农业和农村经济赖以发展的"先行资本"，认识农业基础设施建设是一项功在当代、利在千秋的事业。因此，各级政府应把农业基础设施建设作为调整农业结构、发展农村经济、增加农民收入的"基础工程"来抓；作为改变生产条件、改善生态环境、提高农民生活水平，实现可持续发展的"长效工程"来抓；作为为农民办实事、办好事的"民心工程"来抓；并把农业基础设施建设作为一项重要的战略举措和一项长期的基础性工作常抓不懈。

（2）生产与服务保障并重，扩大农业基础设施建设范围。农业基础设施建设由以支持单纯的农业生产为主向农业服务体系、农业保障体系、市场化组织化标准化建设上转移，逐步转变农业生产和经营方式，实现传统农业向现代农业的跨越发展。按照"因地制宜、突出重点、与产业结构调整结合、择优扶持"的原则，重点在良种工程、科技推广、农机装备、疫病防治、生态建设、新能源、农田水利、市场建设、产业化扶持等方面加大建设力度，"好钢用在刀刃上"，以相对少的投入推进较快的发展。同时，以各级政府为主加大水利工程、林草建设等公益性农业基础设施建设力度，扩大扶持比例，减轻农民负担。

（3）探索投资主体多元化新路，不断增加农业基础设施建设投入。加强农业基础设施建设，关键是解决资金投入问题。在投资方式上，改变过去主要由政府、村集体和农民投入的做法，创新机制，充分发挥政策引导和市场机制"两只手"的作用，按照"谁投资，谁受益"的原则，通过明晰产权、建立奖励和补助等制度，以优惠的政策吸引个人、集体、外资等各类经济主体投资农业基础设施建设，形成投资主体多元化、建设项目业主化、筹资方式社会化、运行机制市场化的局面，使其成为具有一定自我积累、自我发展能力的基础产业。①政府要加大资金投入。政府每年应扩大财政支农资金投入基础设施规模，发挥其杠杆作用，对农业基础设施建设给予贷款担保、贴息和项目资金匹配扶持，调动金融资金、工商资本、民间财力和其他行业资本转到农业基础设施建设中来，为农业和农村经济实现快速发展提供资金支撑。②动员大企业投入。充分利用洪湖市龙头企业资金充裕、技术力量强等优势，引导、动员企业资金、技术和人员进入农业基础设施建设领域，真正实现"工业反哺农业，以工促农"。③加大对以上资金争取力度。抓住新农村建设有利时机，加强行业部门间协调配合，把握产业投向，争取农村"六小工程"（节水灌溉、人畜饮水、乡村道路、农村沼气、农村水电、草场围栏）、标准粮田、农机装备、大型水库除险加固、小型集蓄水工程、灌区改造、动物疫病防治等国家和湖北省投入基础设施建设项目，落实地方配套资金，确保项目实效发挥。

（4）探索农业基础设施经营管理的新机制。①对政府投资的基础设施，在确保安全、有效运行、发挥效能的前提下，探索采取承包、租赁、拍卖等形式，由企业或农民承包经营，实行市场化运作，并努力引入竞争机制，以克服垄断经营带来的低效率问题，经营者对农民服务收费不宜过高，应按照"保本微利"的原则收取。对于一些收益较差的基础设施，在保证其正常运转的前提下，可以无偿交由农民使用和管理。②对投资主体是企业和个人的农村各类小型基础设施，可采取股份合作等形式进行运营和管理。洪湖市的农机合作社在这方面做了有益的尝试，在短期无法改变土地分散状况的情况下以组织化带动生产规模化，并带来一定的经营收益。今后，不论是全市性的农业基础设施，还是区域性的农业基础设施，也不论是经营性农业基础设施，还是非经营性农业基础设施，都应朝着与市场经营运行机制相一致、相适应的方向发展，最终成为市场经济体制的一个有机组成部分。

2. 强化农业科技支撑

把农业科技进步作为发展现代农业的制高点，围绕发展水生蔬菜、畜禽养殖、水产养殖三大特色产业，着力完善科技服务，创新科技服务体系，疏通科技成果转化渠道，促进高效农业规模化。

（1）坚持"科技兴农"理念，完善机制推动高效农业规模化。完善科技推广体系。深入实施农业"科技入户"工程，按照"专家进大户、大户带小户、农户帮农户"的技术推广思想，推广新品种、新技术、新模式，做到"技术要领到户、良种良法到棚"，着力培育发展"一村一品"；完善科技服务平台。把建立完善科技服务平台作为农业科技创新的有力"抓手"，可建立产业科技服务超市，中华鳖、河蟹、黄鳝、鳜鱼系列水产品网上交易，"农信通"短信服务，水产养殖与加工服务等平台，形成上连市场、大专院校、科研单位，下连基地、企业和农户的科技服务体系；完善科技培训机制。积极探索科技普及新路子，根据村镇农业主导产业，结构调整方向及农业订单意向，制定培训内容"菜单"。通过县镇集中培训与进村办班培训相结合，加大农业实用技术培训力度；完善信息服务网络。建立县、镇、村农业信息服务网络，广泛收集农业科技信息和农产品供求信息，通过广播、电视、报刊、网络、手机等媒介发布，引导产业结构调整，促进订单农业发展。

（2）依托科技成果，加速转化推动规模农业产业化。坚持通过抓项目、抓合作、抓载体，加速农业科技成果转化，完善产业链条，形成"公司+合作组织+基地+农户"的产业化模式，推动特色产业加速发展；高标准抓项目，促转化。按照"转化一项成果，成熟一项技术，实施一个项目，创立一个品牌，提升一个企业，致富一方农民"的总要求，狠抓科技成果转化项目建设；多渠道抓合作，促转化。建立以市场为导向、以企业为主体、以产业技术为重点，以高校和科研院所为依托的产学研合作机制；大力度抓载体，促转化。

（3）强化科技支撑，积聚力量推动特色农业现代化。依托科技项目、龙头企业、农业科技服务机构，集聚各种要素延伸科技服务，大力推进特色农业现代化，形成区域特色鲜明、竞争优势明显、发展潜力巨大的高效农业规模化、产业化发展新格局。

（4）行政推动。政府应高度重视农业科技成果转化工作，通过领导抓产业、部门抓项目、村镇企业抓落实，全力打造"齐抓共管"的工作推动机制；园区带动。坚持以先进技术提升现代农业示范园，以龙头企业带动提升农产品加工集中区；龙头拉动；社会联动。围绕破解土地、资金、市场等要素制约，创新农民专业合作组织发展机制，促进农民联合起来，建基地扩大规模、闯市场货物畅流、搞加工实现增值。

3. 开展农村实用人才培训

当前，农村创业应重点培养四类人才：①专业种养大户；②农村职业经理人；③乡村企业家；④服务业带头人。此外，应在以下几个方面加强农民创业和相关培训工作。

（1）办好农村职业教育。要按照"实际、实用、实效"的原则，建立相应的农村职业教育体系。要不断提高乡镇职业学校的办学水平和管理水平，充分发挥各个培训基地现有条件设备和师资力量的作用，改善办学条件，合理分工负责。

（2）积极探索更为有效的农民创业培训方法。按照"政府扶持、社会培训、农民创业"的思路，重点培养创业意识，提高管理能力和经营水平，组织农村创业人才走出家门与外界加强技术交流与合作。在有条件的高校探讨设立农村创业人才班，或采取边创业、边深造的方式，重点吸纳农村返乡创业人员和有志青年提升创业能力。对农村创业人才培训师资队伍实行动态管理，形成相对稳定的以高校教师、科研院所专家、职业学校骨干教师、农业专业技术人员和农村科技致富带头人组成的各类人员互补、覆盖全市农村的师资队伍，不断满足对农村创业人才培训需要。

（3）健全扶持农村创业人才优惠政策。①在资金上给予扶持。各级财政部门要将农村劳动力培养经费纳入财政预算，不断增加投入，建立起政府、社会、个人的多元化投资机制。对在科技开发、科技承包或服务中取得重大经济和社会效益的农村创业人才要给予奖励，并保护其合法收入。②在创业上给予扶持。鼓励农村创业人才进行科技开发、技术推广、技术引进和成果转化，并可纳入各地科技、人才项目资助范围；支持他们创办产业化龙头企业，兴办科研和经济实体，领办农村合作经济组织和各类农民专业协会。③在组织上给予扶持。积极鼓励农村实用人才成立相关协会，尤其是引导他们建立服务业，农产品加工、批发、零售业等专业技术合作组织，并在提供启动资金、优化发展环境等方面给予扶持。

（4）建立和完善农村创业平台体系的建设。加大对以农民创业组织、农民创业基金、农民创业信息与科技服务平台及农村物联网体系等为主要内容的农村创业支持平台体系的建设。大力推进农村创业风险投资的发展，使农民创业组织成为农民创业互助的主要依靠，既满足农民创业者相互支持的需求，又促进农民创业信息的畅通，同时又得到较为完善的金融支持，支持农民创业持续发展。在这个过程中，尤其注意引导和强化对农村贫困家庭的创业支持，使更多的贫困农民加入到创业者行列中，通过创业实现致富。

（5）完善管理体系，加强农村创业人才管理。①建立村镇两级农村实用人才管理机制。在对农村实用人才队伍的类别、数量等基本情况进行深调研的基础上，建立乡镇党政领导联系农村实用人才制度。帮助他们解决实际困难和突出问题，使农村实用人才队伍组织有保证，业务有指导，科研有场所。②建立农村实用人才库。为农村实用人才发展政策制定、开发和使用提供依据，提升农村实用人才的整体质量，促进农村实用人才作用发挥。③动态管理。政府每年要对农村拔尖人才和农业技术人才提出具体的工作目标，目标应以新品种推广规模经济效益为重点，年终统一考核。通过动态管理，达到激发农村人才干事创业的目的。

4. 健全农业社会化服务体系

（1）依据农户需求制定和完善新型农业社会化服务体系。外部禀赋是影响农户对农业社会化服务需求的重要因素，政策支持上应予以优先考虑。农户内部禀赋对农业社会化服务的需求影响较小，如教育程度的高低除对农业技术服务的影响明显外，对其他各项农业社会化服务的需求均不敏感；家庭劳动力人数和家庭富裕程度除对较节约劳动的社会化服务需求较明显外，其余各项影响均不显著。不同区域的农户对某些农业社会化服务的需求差异较大，如对于灌溉社会化服务需求，因此要提高对落后地区的基础设施投资建设力度，改善农业生产条件。

（2）加快农民专业合作组织的发展，提升其农业服务能力建设。与村集体经济组织的角色相同，农民专业合作组织在农村农业服务体系中处在最基层的社会地位，其在农业服务中的基础地位不亚于村集体经济组织。同样在经济环境脆弱的农村完全靠农民专业合作组织自身发展是不现实的，政府的财政扶持是必不可少的。加大政府的资金投入，多样化农民专业合作组织的融资渠道，丰富、扩宽农业市场信息的发布，充分保证农民专业合作组织服务能力的稳定建设。促进农民专业合作组织向一体化方向发展，为农民提供综合性服务。要坚持加速、丰富农业服务形式和内容，形成"一条龙式"的服务模式，把各种服务元素与农业联系起来，各个服务环节串联起来，市场与农户连接起来，综合发展，全面服务。有条件的地方，农民专业合作组织可以在财产权明晰的前提下进行联合和协作，发展成较大的区域性合作组织，最终把专业合作、金融合作、供销合作和发展农村社区合作有机结合起来，为农民提供多方面的服务。

（3）加强龙头企业的骨干作用，建立企业与农民利益共享的耦合机制。充分发挥地区资源优势，生产高端产品和具有国际市场竞争力的品牌。要对龙头企业提供的农业社会化服务给予全面的支持，包括组织、机构、人员、资金等的全面落实。农业产业化龙头企业应该受到金融部门相应的政策优惠。尤其是在农业生产的旺季，农产品的收购和原料购买都需要大量的资金，此时，金融部门应该对龙头企业提供低息贷款和利率优惠政策来帮助企业渡过流动资金断层的难关。龙头企业应努力提高员工的整体素质，对员工进行相关的职业培训，增强员工的职业技能和业务水平。对于与农民直接打交道的服务人员如农业技术推广人员，更应该加强其业务水平。建立龙头企业和农民利益共享的耦合机制，保证企业与农户在责任、权利上的一致。在利益驱动的农业产业化经营和社会服务中，龙头企业应在种子供应、病虫防治、生产技术、农产品销售等方面对农户进行服务，以达到服务和利益共享，推进现代农业的发展和社会主义新农村建设。

（4）完善农产品批发市场建设，多元化服务力量。农村经纪人应注意自身服务能力的培养，把服务风险降到最低。完善农村经纪人的培训制度，提高其业务素质，包括经济业务和农产品营销知识，并且在法律方面也要有一定的认识，在经济活动中避免上当受骗或者促使经纪人诚信交易，净化交易环境。加强农产品批发市场自身建设，构建有效的农产品流通体系。创造宽松的政策环境来建设农产品批发市场，用现代信息系统来装备批发市场、开展连锁经营和完善质量检验制度等。改造升级农产品批发市场，优化农产品批发市场布局。增加批发市场的社会化服务内容，推动纵向一体化，完善农业产业链。

（5）改革农村信用社的运营体制，提高其"三农"建设服务能力。农村信用社服务机制相对落后，在农村中对农民、村集体经济组织、农民专业合作组织及农业产业化龙头企业的信贷支持短缺，因此，要求农村信用社进行体制机制的改革，将小额贷款和金融创新作为主要的改革目标。有效降低交易成本，减少交易风险，加大对各农业服务业主体的贷款投入。众多农业服务业主体之所以贷款难，更多的是因为缺少信贷抵押品，因此需要农村信用社在抵押机制方面有所创新，引入多种担保机制，为农业服务业各主体提供更多信用贷款。增加对农民专业合作组织的信贷供给，助其充分服务于农户。农村信用社可以开发利用现有的、具有广泛群众基础的农民专业合作社作为营销渠道，通过机构之间的联结，直接面向农户提供零售性金融服务。继续推进体制机制改革。在农民"自愿入股、民主管理"的原则下让入股农民享有决策权利，形成民主管理、科学决策的有效机制，推进农村信用合作社的股份制商业化改革，提高其对"三农"的服务水平。增加对农业的投入，促进贸、工、农综合经营，促进城乡一体化发展，促进农业和农村经济的发展。完善、健全风险管理，依法开展农村金融服务。通过健全完善风险管理、分担制度，国家给予适当的政策支持，相关管理部门制定出防范风险的对策和具体措施；通过大力改善地区司法环境，依法维护其合法权益，促进其稳定、健康发展。在农村信用社对各社会化服务主体和农民进行贷款时，政府应适当给予减税和贴息等方面的财政优惠，激励信用社服务"三农"。

二、建设安全生态宜居村庄

推进新型城镇化建设，使工业化、信息化、城镇化、农业现代化、绿色化"五化"协调互动，通过服务业发展和科技进步推动产城融合，实现城镇带动的统筹城乡发展和农村文明延续的城镇化。在城镇带动的统筹城乡发展，城乡一体化发展需要城镇带动的协调互动下依然保持农村文明的延续。城镇化发展不是要消灭农村、农业、农民，而是更加有助于"三农"问题的解决，更加有利于农村文明的传承。

（一）大力推进城乡规划

新滩镇规划结构确定为："一心五区"——以镇政府为核心形成行政办公、商业休闲的镇区中心，现状镇区形成的老城居住区，以镇区中心为轴往南北展开形成的城镇生活区，民主路以西的工业园区，镇区西南部的物流园区和镇区西南角的生态居住区。规划 2020 年居住用地 288.47hm²，人均居住用地面积为 37.13m²，占城镇建设用地的 29.49%。采用居住小区、居住组团二级形式。居住用地规划为四个小区，即老城居住小区、新城居住小区、滨江居住小区、生态居住小区。

在城乡规划方面，要做到：①改造居住用地现状，根据镇区发展方向，逐步向西、向南方向推进。进行老城区改造，在老城区西面及南面发展部分居民区。②完善公共设施用地，建设重要的行政办公设施、商业金融区、文化娱乐设施，建设镇区的中心，带动镇区发展。在镇区中心新建一所小学和一所医院。③在红旗大道和建业路交汇处以西建设工业区，在工业用地周围建设道路系统，为后期工业发展奠定基础。④综合交通建设中改善旧城区道路交通，新旧道路连通，新设客运汽车站，在镇区西南角处建设物流运输中心。规划次干道和支路，完善道路网。在原有基础上改建汉洪公路和新华路，重点建设红旗大道和友谊路。在镇区中心建设城镇广场，布置停车场所。⑤绿地系统建设，在汉洪高速的下方设置防护绿地，在镇南小学东侧设置公共绿地。⑥市政设施，在新区采取雨污分流体制，修建水厂工程，同时修建集中给水管网系统，保证新居住区及工业区的供水。建设镇区中心邮局和电信部门，沿镇区主干道增设公共电话亭。建设加油站、消防站等基础设施。

（二）不断完善城镇体系布局

（1）优化城镇空间布局，以谋划城镇空间布局和产业空间布局为先导，以促进城乡基本服务均等化为重点，全面推进城乡一体化进程。根据"以城带乡、以工促农、城乡一体、统筹发展"的总体要求，大力推进"三个集中"（工业向园区集中、人口向城镇集中、居住向社区集中），使洪湖东分块蓄洪区基本形成以洪湖中心城区为核心，辅城区为支撑，以特色乡镇为节点，中心村（社区）为基础的城乡一体化空间布局。辅城区在参与洪湖中心城区差异化发展的同时，加快基础设施配套建设，提升发展实力，尽快形成产业特色；特色乡镇和其他建制镇根据各自的区位、资源、产业优势和经济结构等，建成各具特色的商品集散型、特色旅游型、工业主导型、生态宜居型城镇，不断提高小城镇产业集聚力和就业凝聚力。加快洪湖东分块蓄洪区内现有道路框架建设及功能区建设。打造以生态旅游镇为代表的生态宜居区；实施综合改造工程，着力打造商业集中区和生活服务区；建成以水产加工业为主体的现代工业园区、行政服务区、文化和商务服务区。加快配套设施建设，增加文体休闲娱乐设施；进行市场化运作，加快污水处理厂管网延伸工程、城区垃圾无害化处理厂、自来水，以及管网建设、天然气管网等设施建设，逐步提高市镇管理水平。

（2）调整农业产业布局，调整产业结构、优化产业布局相结合，主攻水稻、棉花、水产、油菜、瓜果菜、畜禽等优势产业，形成区域特色鲜明的农业产业布局。根据农业发展的不同方向，将全市分为三个农业区：优质商品粮生产区、高效农业发展区、循环农业发展区。发展优质商品粮生产区，切实做好基本农田建设与保护，改进耕作方式，改善农业生产条件，提高粮食产量和质量，发展高产、稳产农业区。建立高效农业发展区，重点发展蔬菜种植业等高效农业，建设无公害蔬菜生产基地，为武汉市和主城区提供相应的农产品。该区应积极探索高效的农业生产模式，推进生态农业发展，提高土地利用效益。打造循环农业发展区，以洪湖东分块蓄洪区中部的里湖、沙湖等湖泊水体相连形成的区域及周边地势相对较低区域，逐渐形成精养水域，建设优质水产品板块，发展水、禽等种养循环农业产业。该区土地利用重点是大力发展多元化水产养殖业。

（3）优化生态环境建设布局，根据洪湖市生态建设的相关要求，为协调开发利用土地与保护土地，保证自然资源的可持续利用，依据土地生态功能的适宜度和土地生态功能分类系统的总体要求，结合区域内自然生态系统与人工生态系统的具体要求，重点建设长江沿线和东荆河沿线防洪建设区，以及中部湖泊生态环境维护。

三、推进城乡公共服务均等化

近年来，我国各级政府对于农村基础设施投资力度较大，建设成绩较为显著，农村基础设施的不断完善让农民切实感受到了实惠。在促进城乡基础教育均等化方面的工作取得了一定成绩，农民对此是予以认同的，但是当地民众普遍认为子女接受非义务教育（学前教育、高中教育、高等教育和职业教育等）给他们造成了沉重的经济负担。政府在巩固义务教育发展成果的同时，应加大对非义务教育的支持力度，以减轻农村家庭的教育费用负担。

①着力建立农村居民的公共服务需求表达机制，使多数村民的公共服务需求能够得到体现。这就需要在近年来实施的以村民自治为代表的基层民主建设的基

础上，扩大农村居民在公共服务供给过程中的参与决策权。还可以尝试通过承载民意的非政府组织参与公共服务供给决策。②应改革农村基层政府的绩效考核制度，应适当调低单纯反映经济增长的 GDP 指标在政绩考核中所占的权重，把体现农村基本公共服务均等化的指标纳入政府绩效考评体系。③加强农村公共服务项目实施的科学决策，对于拟建设的公共服务项目要加强项目的可行性分析，并及时向社会公示，听取群众意见，力避因上马"形象工程""政绩工程"而浪费有限的公共服务资源。在进行乡村道路建设、电力、通信设施建设和饮用水设施建设等基础设施类"硬"公共服务项目的同时，加强对社会治安、农村合作信贷、就业服务和法律帮助等"软"公共服务项目的重视。县城的基本服务水平要得到全面提升，在县城住房、公共服务和社会保障建设方面要重点强化。为城乡居民提供的商品住房要与其支付能力相适应，并且种类和价位多样，给低收入人群提供的保障性住房要采取多种方式予以满足；在教育、文化、体育、医疗等公共服务设施和市政基础设施的投入要逐步加大，进一步提高县城对于本土城镇化的支撑服务力度；健全和完善最低生活保障制度、基本医疗保险制度和基本养老保险制度等社会保障制度，并使各项保障制度统筹发展，促进农民的逐步市民化。具体内容包括以下几个方面。

1. **加大洪湖东分块蓄洪区内基础设施建设力度，加快新农村纵深推进步伐**

①着力加强水利基础设施建设，推进防洪安保，做好东荆河堤整险加固工程、排灌体系建设，新滩口泵站更新改造、中小河流治理、防洪排涝等项目；②做好区内农村安全饮水工程，保障供水安全；③加强水环境保护，重点抓好湖泊治理、水利"血防"、水土保持、水污染防治等项目；④着力抓好农村道路建设、农业综合开发工程和大沟、大渠疏浚改造等基础工程，加快农村道路、沟渠、桥梁、涵闸、泵站的升级改造，健全和完善农业科技推广体系、农业机械化推进服务体系、农产品安全体系、农业市场信息服务体系，提升农业服务水平和能力。着力开展国土整治和节约集约用地示范建设，推进农村集体建设用地使用权流转制度改革、土地承包经营权流转改革和"迁村腾地"试点扩面工程，合理利用农村资源，切实保护耕地，提高土地经济效益，促进区域、城乡协调发展。

2. **加快城乡电网、信息网络不断升级，提高城乡信息化与农用水平**

继续实施区内电网改造工程，重点抓好工业园区和重大项目电网配套建设，提高供电能力和水平，保障供电安全。加强信息基础设施建设，参与建立和完善长江经济带信息系统基础框架，建成各地区、各种类信息网络互联互通的传输网络，加强本地基础数据资料库建设，完善电子政务应用平台和协调共享的门户网站建设，为社会提供信息服务，推进农村信息资源共享平台建设，提高城乡信息化水平。

3. 大力推进城乡综合管理

大力推进城乡统筹，加强城乡规划的刚性执行，切实维护规划的严肃性和权威性。坚决打击"小产权房"建设，常年保持依法严厉打击各类违法建设行为的高压态势；按照"疏堵结合"的原则，合理确定新社区建设点，着力提升城乡街景容貌精细化管理水平。坚持"周末洁城"、城乡保洁常态化，努力培养市民"讲文明、树新风、爱家园"的良好风尚。

4. 加强综合交通体系建设

按照洪湖构建"大路网、大港口、大物流"的交通发展格局，围绕洪湖"两路、两桥一港"交通主骨架，实现区内综合交通体系的建设。①突出建设以汉洪监高速公路洪湖段、武汉城市圈环线高速洪湖境段和仙崇一级公路为代表的三条高等级公路；②完善区域内沿河、沿湖"三沿"的公路建设与内河疏浚；③加快港区建设步伐，尽快启动新滩港前期工作；④升级省干线公路；⑤改造新滩客运站；⑥建设新滩新区仓储配送中心。

第四节　工程建设协同信息化推进政策

洪湖东分块蓄洪区信息、交通、能源环保类等一般性的基础建设思路，以及安全类特殊性的基础设施的建设和维护思路，重点围绕多方规划的衔接，基础设施共享，避免重复建设、资源浪费的问题。笔者提出解决以信息为主的基础设施建设资金来源的思路。

一、对接洪湖东分块蓄洪区工程信息化建设

分蓄洪区按照"'网格化管理'先行，'信息化建设'跟进，'网兜式服务'规范"和"大量的社会管理数据采集和录入是实施信息化建设起始阶段的主要任务，必须依靠城镇和网格化管理，以及社会协同、共同参与的人力资源，最终形成以信息化为支撑、网格化管理为依托、网兜式服务为载体的社会管理'三网'工作体系"的基本工作思路，推进"网格化"管理实行"四步走"（即划分网格、配置力量、明确职责、社会参与），建立和完善"以乡镇网格为服务单元、以群众自治为组织方式、以多元参与为核心内容"的乡镇网格化管理新模式，不断提升分蓄洪区管理服务水平。

二、洪湖东分块蓄洪区工程协同交通设施建设

城镇交通网络主要考虑洪湖东分块蓄洪区外部道路的连接。由于分蓄洪区为人口相对密集区,安置在分蓄洪区上的群众需要从居住地到耕作地进行农业生产,为此,需要在分蓄洪区堤防边坡设置上下踏步和汽车上台坡道。此外,高速公路的建设对于区域发展至关重要,应克服困难,加大相关建设力度。分蓄洪区交通建设主要考虑房屋建设范围之外的公共交通道路及村组之间的连接道路,道路的布置要与城镇交通建设规划相匹配,充分体现新农村建设的思路。分蓄洪区内交通道路原则上应沿安全台纵向布置,为台内交通主干道,另外根据台上建筑物布置情况,视安全台长度每隔一定的距离布置横向道路,使主次道路呈"丰"字形分布,便于交通管理和畅通。各台具体平面布置需结合安置房屋的分布情况及以后发展来确定。分蓄洪区内部交通道路原则上按现有道路布置,或结合小城镇建设沿排水沟渠等地形、地貌特点等布置交通道路,道路建设标准和安全台相同,同时对部分已建城区或安全区内主要交通道路进行道路绿化。

三、洪湖东分块蓄洪区工程协同能源设施建设

电力的供应对每个群众来说是不可或缺的基本条件,但同时国家对电力用户和电力设施又有许多规定和要求,涉及人民的生命、财产安全和电力系统的安全稳定运行,同时也影响到群众的生活质量。根据现行农村的供电政策,基本上是群众居住到哪里,电网供电到哪里,而且要保证电能质量满足要求,但绝不可乱拉乱接。分蓄洪区的供电规划应服从和服务于当地国民经济和社会发展的用电需求,基本保障群众生活用电的需求。在进行规划时要考虑 $5\sim10a$ 用电发展水平,以保障群众生产和生活用电的需求,同时又不致重复建设、多次改造。因此,在初期就应对分蓄洪区的用电要有统一规划,根据近期和远期分步实施,对现有供电设施和线路进行复核计算,对达不到要求和严重老化的输配点设施进行更新改造,对新设置项目要按照节能减排和高标准的要求来进行建设。根据供电区域半径,在满足用电质量的前提下,对各安全区和安全台可考虑配置独立的降压配电变压器和配电屏柜,配电出线要遵守将生产和生活用电分开的原则。

四、洪湖东分块蓄洪区工程协同供排水设施建设

(1)在供水方面。在工程规划和建设之初,应统一规划、统一建设,全面考

虑安全分蓄洪区的安全供水问题，防止盲目建设和重复建设。分蓄洪区大部分为血吸虫疫区，饮水安全问题主要是水质污染严重，不宜直接从外河取水。因而供水工程水源只能采用离堤脚 100m 外挖深井取水，井深根据当地地质资料和供水规模确定。根据目前分蓄洪区已建供水设施的经验，供水设施均采用无塔供水，60 户以下的供水规模采用管型机井供水设备，60 户以上的供水规模采用管型机井变频供水设备。安全区（台）可考虑开挖深井，配无塔供水设备。

（2）在排水方面。分蓄洪区的排水主要包括雨水和生活污水，为了保证分蓄洪区排水设施的畅通、安全和排水及时，安全区排水结合安全区所在城镇的城镇规划，在安全区内纵横设置排水沟，对无排涝设施的安全区新增排涝泵站。安全台应当设置纵横混凝土排水沟，安全台横向排水沟沿台顶和台脚，纵向排水沟沿安全台坡面设置。

五、洪湖东分块蓄洪区工程协同环卫、消防设施建设

根据目前在环境卫生方面存在的问题，按照环卫的要求和新农村建设的需要，以及人民生活水平不断提高的需求，应将环卫设施纳入管理范围。将各分蓄洪区建成环境卫生收运、处理体系完善；健全环境卫生管理体系；建设完备的环卫基地；实现环卫事业现代化的清洁、文明的环境。家禽、牲畜实行圈养；分区设立生活垃圾容器；同时设立一定数量的生活垃圾场。

只要有人活动的场所和有财产的地方，都需要考虑消防问题，我国一直以来坚持"预防为主、防消结合"的方针，一旦发生严重的火灾事故，将会给人民的生命、财产造成巨大的损失，因此在设计和规划区台时，消防设计应与区、台给排水、通信、道路规划相结合，统一考虑，同时组成公安消防、企业专职、群众义务三结合的消防网络。同时按相关建设规定，每个群众住户家庭和公共单位，要求配备相应数量的消防设施，加强对鞭炮、农药等易燃易爆和剧毒化学品的生产、储存和输送设施的管理，防止火灾；生产和储存易燃、易爆、有毒的企业单位应建立专职消防队伍或专门的消防人员；加强对群众的消防安全教育，提高防范意识，将火灾风险和财产损失降到最低。

总而言之，洪湖东分块蓄洪区的基础设施建设要根据区域整体布局建设，结合分蓄洪区的特殊情况制定相对应的规划建设，把新型城镇化建设与分蓄洪区建设紧密结合，合理衔接，整合资源，避免重复建设，浪费资源，在进行分蓄洪区建设时要吸引群众"进区上台"，建议各级政府在安全区（台）建设学校、医院、商业、邮电等综合配套设施，同时对计划搬迁的分蓄洪区内不再安排任何公共设施建设，以防止群众回迁。另外，在分蓄洪区进行基础设施建设，其施工要求较

高，因此建设费用高昂，应考虑向上级申请部分专用拨款、受益地区补偿性资助与分蓄洪区自筹相结合的方式来解决建设经费问题。

第五节　工程建设协同绿色化推进政策

高度重视分蓄洪区资源生态环境保护，在分析蓄洪工程建设对生态环境的影响前提下，考虑当地生态环境脆弱的制约因素，提出产业发展和环境保护协同推进的具体思路。具体内容包括以下几个方面。

一、产业生态化改造

洪湖东分块蓄洪区由于其特殊功能与地位，不适合发展大型产业，但是可以因地制宜，大力发展生态产业，同时对生态环境进行循环化改造。主要可以发展以下产业。

1. 农业集约型生产

改变目前东分块蓄洪区农业粗放型生产模式，将农田土地资源集中进行集约型生产，大力发展农业机械化，提高生产效率，减少生产所需人力，做到生产在田，生活在安全区，在最大限度地保障生产人员安全情况下，尽可能发掘土地生产潜力。

2. 发展绿色农业

利用洪湖东分块蓄洪区的自身自然资源条件，大力发展绿色农业、精品农业，以质量填补数量上的不足，变不利为有利，打造绿色生态品牌，将分蓄洪区绿色农产品向全省乃至全国推广。

3. 适度发展养殖业

可借鉴其他分蓄洪区的成功经验，适度发展鸭、鹅等水禽养殖业，并发展相关食品加工产业。

4. 大力发展旅游业

洪湖东分块蓄洪区的生态环境相对保持较好，如乌林的三国古战场遗址、沔阳黄蓬陈友谅之墓，以及老湾回族风情村等大有开发价值。可考虑大力发展旅游业，向上级部门申请建立湿地公园，保护生态环境的同时创造经济价值；还可结合绿色农业产业发展相关项目，如农产品采摘、耕种体验、绿色餐饮、农庄住宿等多种创收项目。

5. 安全区生态产业精心布局

洪湖东分块蓄洪区可在安全区适当发展一定的产业，但由于安全区的功能性及人口的密集，应首要考虑绿色环保的生态产业进行精心布局，尽量发挥洪湖东分块蓄洪区的自有优势，提高产品竞争力。

二、环境资源保护和利用

每一个生态系统都是一个有机的统一体，在发展分蓄洪区产业的同时，一定要注意保护和利用分蓄洪区的环境资源。思路具体如下。

1. 保障生态服务功能

生态系统服务功能是指形成生态系统与生态工程及维持人类赖以生存的自然环境条件和效用。一个健康的生态系统包括许多复杂的子系统，每一个子系统担负一定的功能，每一个局部的生态子系统都可以承受一定的环境压力。对于分蓄洪区来说，特别重要的是对河流生态系统及湿地生态系统的保护，使其能够充分发挥生态服务功能，实现绿色产业的可持续发展。

2. 保护生物物种

生物物种的多样性是生态环境保护的重要目标之一。当生态环境的异质性降低时，生态系统的结构与功能随之发生变化，特别是生物群落多样性将随之降低，可能引起生态系统的退化。例如，当河滨植被、河流植物的面积减少时，生态环境的生物多样性降低，鱼类的产卵条件发生变化，鸟类、两栖动物和昆虫的栖息地或避难所发生改变或消失，物种的数量减少乃至某些物种消亡。因此，应重视生物物种的保护，在防止外来物种入侵的前提下，增强本地生物物种的多样性，使分蓄洪区生态系统保持可持续发展。

3. 增强景观休闲娱乐功能

在对分蓄洪区环境资源进行保护的同时加以利用是维持可持续发展的重要手段，因此，应注重增强分蓄洪区生态系统的景观休闲娱乐功能，应在对生态系统进行保护的同时按照景观生态学原理对分蓄洪区进行合理规划，增加景观异质性，保留地形地貌的自然线形，将建筑布局有机融入自然生态景观中，营造人与自然和谐发展的生态空间，提高环境资源的附加价值。

三、建设生态文化氛围

1. 尊重自然，科学发展

牢固树立人与自然和谐、可持续发展的理念，坚持分蓄洪功能维持和生态修复并重，污水集中处理与分散处理并举；遵循区域资源的自然分布及其演化规律，增强生态系统自我修复能力，规范各类水事活动，加强监督，维护河湖生态。

2. 以人为本，改善民生

将改善城乡人居环境、提升生态系统保障能力作为生态文明建设的核心，通过生态文明建设切实提高全市人民的福利水平，通过提升区域生态环境质量和培育特色文化品牌，将分蓄洪区建设成为人文、生态、精致、宜居的区域。

3. 统筹推进，突出重点

发挥政府的主导作用，动员全社会积极参与，把构建制度完善、体制健全、机制合理的生态文明建设管理体系放在更加突出的位置。统筹流域与区域、城市与农村之间的关系，科学谋划生态文明建设布局，着力解决制约民生改善、影响重点生态的关键问题。

4. 突出特色，示范引领

以水为"媒"，积极探索和创新，彰显分蓄洪区的特色和韵味，调整并优化河、湖水系及湿地生态系统，形成生态系统网络化；在保证分蓄洪功能的前提下，建设生态景观，繁荣生态文化，发展生态经济，逐步形成健康的生态系统。

5. 立足当前，放眼长远

既立足于当前，着力推进"四化"建设、环境整治与生态保护工程，有效改善环境质量，提高城市品位，又着眼于长远，科学谋划生态文明建设战略思路，切实解决当前各级政府和社会各阶层关注的焦点和难点问题，全面指导中远期生态文明建设的各项工作。

第七章
洪湖东分块蓄洪区工程与"五化"同步扶持政策

长期以来，分蓄洪区经济社会发展受到分洪功能的限制，区内群众生产、生活条件普遍较差。依据《全国主体功能区规划》，洪湖东分块蓄洪区属限制开发区域。针对分蓄洪区主体功能制定的政策不仅应包括产业、投资、土地、环保、人口管理和政绩考核等，还应包括建立扶持补偿机制等。国务院曾在2006年下发的《关于加强蓄滞洪区建设与管理若干意见的通知》（国办发[2006]45号）文件中提出，要对分蓄洪区进行政策补偿，但是由于诸多原因，该文件一直没有落实。同时，洪湖东分块蓄洪区位于湖南、湖北两省西部边界地区的湘鄂西革命根据地，是第二次国内革命战争时期割据范围最大的三块红色根据地之一。但是，现阶段已初步形成的"1258"的老区支持政策体系，即"1个总体指导意见（《关于加大脱贫攻坚力度支持革命老区开发建设的指导意见》）、2个区域性政策意见（《国务院关于支持赣南等原中央苏区振兴发展的若干意见》和《国务院办公厅关于山东沂蒙革命老区参照执行中部地区有关政策的通知》）、5个重点老区振兴发展规划（陕甘宁、赣闽粤、左右江、大别山、川陕5个跨省区重点革命老区振兴发展规划）、8个涉及老区的片区区域发展与扶贫攻坚规划（武陵山、秦巴山、滇桂黔石漠化、六盘山、吕梁山、燕山—太行山、大别山、罗霄山8个集中连片困难地区）"，并未将洪湖这一湘鄂西革命根据地的摇篮地纳入范围内。由此可见，在国家政策支持方面，工程建设与"五化"同步扶持政策还有较大的空间。

第一节　建立洪湖东分块蓄洪区财政转移支付政策

洪湖分蓄洪区所在的洪湖市和监利县既是革命老区，又是分蓄洪区，战争年代做出过牺牲，新中国成立后，作为国家划定的特殊区域，经济社会发展又长期受到制约，可以说分蓄洪区人民为全国的解放和保安全、促发展的大局做出了重大贡献。

一、建立洪湖东分块蓄洪区财政转移支付政策的必要性

洪湖东分块蓄洪区运用是一项政策性和技术性强、涉及面广的综合性措施，其运用所造成的直接和间接损失是多方面的。直接损失包括分洪造成的损失，农作物、专业养殖及各种经济作物受淹的损失；房屋及不能转移和未能及时转移的财产受淹损失；分洪后土地恶化的损失等。临时转移过程的损失包括临时转移的运输费、误工费；转移过程中财产的损坏、遗失等。转移期间的损失（未分洪）是因停工、停产，农田干旱、爆发病虫害、未及时收获等，粮、棉、油及蔬菜、水果等经济作物减产、绝产造成的损失；因不适应新环境，大量畜、禽的死亡、散失等损失；不能转移和未及时转移的财产，如机械、房屋设施等，因无人维护和照管，遭损毁、盗窃等所造成的损失；受临时安置条件的限制，生活环境恶化，大量临时转移居民患病，医疗费支出增加所造成的损失。建立洪湖分蓄洪区专项财政转移支付政策，对洪湖东分块蓄洪区内居民生产与生活的恢复和社会安定至关重要。

财政转移支付政策的建立是为了缩小地方政府间的收入差距，克服由于政府活动的辖区间外溢导致的效率损失，减少或避免由于政府间财政利益的巨大差异所造成的资源配置区位低效率，弥补财政纵向和横向失衡，提高地方政府提供基本公共服务的能力和水平，实现经济稳定和社会协调发展的目标。作为一种社会再分配制度，对财政转移支付制度的定义，迄今还没有达成共识。一般认为，财政转移支付是指在分税制下，政府财政资源单方面无偿流动，与一般的购买性支出不同，这个过程并不消耗任何财货，只是在国家范围或区域范围内调节分配关系，作为分税制财政管理体制的有机组成部分，它具有宏观调控、保障公平、协调区域经济发展等重要功能。随着国家对经济领域的干预程度的加强，财政转移支付在政府财政支出中所占的比例越来越大，其作用也越来越重要，得到了社会的普遍认可。从解决财政纵向和横向的不平衡出发，政府间财政转移支付包括上下级政府间和同级政府间的无偿资金转移。按照转移支付形式的性质划分，转移支付又可以分为以下几大类：①税收返还、体制补助和结算补助，这几部分是1994年分税制财政体制改革后财政转移支付的主要组成部分，其性质是维护既得利益，是旧体制的延续，不具有均等化功能。②一般性转移支付，是在支付过程中按规范和均等化的原则进行，这是国际上通常称为的"均衡性转移支付"。③专项转移支付，服务于中央宏观政策目标，用于增加农业、教育、卫生、文化、社会保障、扶贫等方面的专项拨款，这些重点项目主要用于中西部地区。但其核定并不规范，加之往往被层层截留和被挤占、挪用，其性质属于非均等化转移支付。④其他转移支付，包括调整工资转移支付、农村税费改革转移支付、"三

奖一补"转移支付等，其性质属于专项转移支付，但在一定程度上又具有均等化的性质。

对洪湖东分块蓄洪区实行的财政转移支付方式可以有以下几种：消费税和增值税税收返还、所得税基数返还、出口退税基数返还、原体制补助、专项补助、增加工资转移支付、结算补助等。大体可以分为四大类：①税收返还部分。1994 年分税制财政管理体制改革以后，实施税收返还，中央通过调整收入分享办法，把集中的地方收入存量部分返还给地方，以保证地方既得利益。目前，中央对洪湖分蓄洪区还没有实行这一优惠，而其他经济水平超过洪湖分蓄洪区的地区已享受此类优惠政策。②财力性转移支付。中央政府可以对洪湖分蓄洪区进行财力性转移支付，包括一般性转移支付、地区转移支付、缓解乡县困难补助、调整工资转移支付、农村税费改革转移支付等。③专项转移支付。为了实现特定宏观政策及事业发展战略目标，洪湖市政府应该严格使用专项资金，将专项转移支付重点用于支农、教育、医疗卫生、社会保障等公共服务领域。④横向转移支付。横向转移支付方式是用来协调受益方与受害方的利益冲突直接、有效的方式，是纵向转移支付的有益补充。受益方武汉市每年应支付一定的金额给受害方洪湖东分块蓄洪区，来加强洪湖东分块蓄洪区的建设，促进区内经济社会可持续发展。

财政转移支付体系的不断完善，尤其是财力性转移支付的确立，改变了分税制财政管理体制改革前地方财政与上级财政"一对一"谈判"讨价还价"财政管理体制模式，增强了财政管理体制的系统性、合理性，减少了中央补助数额确定过程中的随意性。同时，随着上级转移支付力度不断增加和财力性转移支付的稳定增长，有利于提升洪湖分蓄洪区的财力水平，确保区内行政运作和经济社会事业发展，促进地区间基本公共服务均等化。

二、财政转移支付政策对经济社会发展的作用

随着经济社会的发展，分蓄洪区人口增加，人水争地矛盾突出，社会财富积聚，分蓄洪水造成的损失不断增加，部分蓄洪区的群众对分蓄洪区运用的抵触甚至对抗情绪越来越高，从而擅自加高行洪堤，使得蓄洪区管理更加困难；虽然在分蓄洪区运用之后，国家会给予救济和补助，但作用有限，仅依靠少量又不稳定的救济和补助，区内居民的生产生活难以得到保障。我国分蓄洪区补偿政策的根本目标便是解决分蓄洪区运用难的问题，保障分蓄洪区及时有效地运用；同时，在分蓄洪区运用之后帮助区内群众尽快恢复生产和生活。

洪湖东分块蓄洪区在财政转移支付资金的管理和使用中，应该坚持"以人为本"原则，不断改善人民群众的生产生活水平，通过大力调整和优化财政转移支

付资金支出结构，做到有保有压、有促有控，即逐步减少直至推出对一般性竞争性领域的直接投入，严格控制并努力节约一般性开支；同时，不断加大对重点支出项目的保障力度，向农村倾斜，向社会事业发展的薄弱环节倾斜，向贫困县、困难基层、困难群众倾斜，将财政性转移支付资金重点用于支农、教育、医疗卫生、社会保障、生态环境、公共基础设施、社会治安等公共服务领域，突出财政转移支付资金提供公共服务和公共物品的作用。

加快社会主义新农村建设。我国是一个低收入的发展中国家，国家财力有限，另外补偿政策应对分蓄洪区的发展起导向作用，以避免因分洪而造成不必要的损失。因此，分蓄洪区运用后，对区内居民的损失只能给予适当补偿，政府只承担较低标准部分（其余的应由社会和个人共同承担）。当前，分蓄洪区大都以农业生产为主，广大居民的生活尚不富裕，基本生活条件主要是解决吃住的问题。因此分蓄洪区运用后，重点补偿农业、养殖业和林业，保证居民的基本口粮，补助修复水毁住房和生产生活所必要的消费品，帮助居民尽快恢复生产生活、重建家园。洪湖市在推进公共服务均等化进程中，应认真落实财政支农政策，坚持"多予、少取、放活"的方针，把财政转移支付资金向"三农"倾斜，让公共财政阳光普照广大农村。

促进洪湖东分块蓄洪区招商引资。洪湖东分块蓄洪区工程是随时准备接受分洪的"主动受灾区"，是限制发展区域，不仅国家不会在该地区投资建设重大项目，而且对地方政府招商引资发展区域性大规模工业、企业造成了严重影响，客商得知该区域是分蓄洪区后，怕承担高风险，都不敢在该地落户。对在安全区内投资的企业给予优惠政策，减免税收或给予奖励，则可在很大程度上促进安全区内经济的发展。

三、建立洪湖东分块蓄洪区财政转移支付政策的建议

（一）建立横向转移支付补偿政策

纵向转移支付制度只能解决一小部分，力度和范围都非常有限。这样纵向的供给数量和质量就主要取决于地方政府的财力水平。为避免分蓄洪区对工程建设抵触愈演愈烈，无论从理论分析还是现实需要来看，新滩工业园的发展力度要加大，受益方武汉市应依照北京对丹江口水库的补贴方式对该地区进行帮扶，以横向转移支付方式来协调与受害方的利益冲突似乎更直接、更有效，考虑建立横向转移支付制度作为我国纵向转移支付的有益补充，对加强洪湖东分块蓄洪区的建设、促进分蓄洪区经济可持续发展具有重要意义。

（二）优化和调整转移支付的结构，放大政策效应

进一步加大分蓄洪区经济社会环境发展的一般性转移支付在转移支付总额中的比例，缩减专项转移支付的相对比重，使上级政府对下级政府的转移支付以一般性转移支付为主、专项转移支付为辅来实现。科学界定专项转移支付标准，对到期项目应及时清理，对补助数额小的项目予以取消，对交叉、重复的项目重新清理和归并。严格控制专项转移支付的规模，提高专项转移支付资金分配使用的科学性、公正性和效益性，为洪湖东分块蓄洪区工程"五化"同步发展提供资金保障。

（三）加快资金拨付速度，减少甚至消除地方配套

转移支付资金项目应考虑洪湖分蓄洪区政府尤其是贫困地区的真实财力水平，将限制开发区和禁止开发公共事务责任升格，明确为中央和省级责任，制定转移支持政策；取消限制开发区内各类公共事务和公共建设配套；增加限制开发区一般性转移支付；提高限制开发区和禁止开发区域的生态保护能力，促进"两型社会"建设。同时应考虑洪湖东分块工程的重要性及地方财政实力，综合参照全国乃至全省其他水利工程、贫困地区（三峡库区），适时将国家与地方 1∶1 的配套比例调整为 4∶1。

（四）建立健全财政转移支付效果的考评机制

建立一系列的量化指标，对财政转移支付资金运用的经济社会效益进行考察和评价，提高资金的安全规范性和有效性。

第二节　建立洪湖东分块蓄洪区税收优惠政策

税收优惠是一国政府（包括中央政府和地方政府）为实现特定的政策意图，通过对税法、税收条例标准性条款的有意识背离，从而形成对纳税人的税收减让。通俗来看，又称"税式支出"，与财政支出一样，均是由政府进行支出的，只是支出形式不一样。现代各国采取的税收优惠形式主要包括减税、免税、退税、税式支出、投资抵免、税前还贷、加速折旧、亏损结转抵补和延期纳税等。

实践中，我国税收优惠政策主要适用于促进科技进步，鼓励基础设施建设，鼓励农业发展、环境保护与节能，支持安全生产，统筹区域发展，促进公益事业

和照顾弱势群体等，促进国民经济全面、协调、可持续发展和社会全面进步。为解决区域性税收优惠"乱象丛生"等问题，在党的十八届三中全会以后，国家明确将"加强对税收优惠特别是区域税收优惠政策的规范管理"作为地方税体系改革的一项重要任务，并先后颁布《国务院关于清理规范税收等优惠政策的通知》（国发[2014]62号文），以及《国务院关于税收等优惠政策相关事项的通知》（国发[2015]25号文），从这时开始，税收优惠政策将统一由专门税收法律法规规定，并逐渐开始清理规范税收优惠政策，为新《企业所得税法》的履行奠定基础，使得现行税收优惠政策已由过去以区域优惠为主，调整为现在以产业优惠为主、区域优惠为辅的税收优惠格局。

一、建立洪湖东分块蓄洪区税收优惠的必要性、功能和作用

自20世纪80年代末期以来，随着分蓄洪区经济发展和分蓄洪功能矛盾逐渐扩大，分蓄洪区的建设和发展逐步得到重视，与分蓄洪区建设与管理工作相关的政策法规体系也在逐步形成。目前涉及分蓄洪区建设和发展的法律法规主要有：《水法》《防洪法》《防汛条例》《蓄滞洪区运用补偿暂行办法》《关于加强蓄滞洪区建设与管理的若干意见》和《关于蓄滞洪区安全与建设指导纲要》《全国蓄滞洪区建设与管理规划》《长江流域蓄滞洪区建设与管理规划》等法规、政策，以及《蓄滞洪区财政运用补偿资金管理办法》《蓄滞洪区运用补偿核查办法》等行政规章。这些法律法规对蓄滞洪区的地位、建设、管理、维护、运用、补偿等做了不同程度的规定。此外，湖南、湖北、安徽等省份也分别颁布了一些地方性法规，但是，已有政策、法规多倾向于工程建设及洪灾事后补偿问题，对于分蓄洪功能对当地经济社会发展长期负面影响所造成的隐形损失，却没有相应的政策支撑，尤其在全面建成小康社会的目标即将完成之际，以及生态文明建设的大背景之下，使得分蓄洪区从单一的蓄洪功能向经济社会发展、生态环境保护和分蓄洪区多重功能的转变，此时，国家运用政策工具尤其是税收优惠政策支持分蓄洪区经济社会持续发展将显得尤为紧迫。

从社会公平角度考虑，分蓄洪区的税收优惠政策对于确保流域经济社会发展协调发展，稳定社会形式，使分蓄洪区群众能够享受到改革开放的福利，全面实现小康都起到了重要的促进作用。地区经济发展滞后的内在原因有很多，分蓄洪区先天不足的发展条件却是由政府赋予的，这种不利条件不仅局限于分蓄洪区自身，也会影响到分蓄洪区的周边地区，造成不可估量的损失，虽然国家制定了一系列政策、法规补偿显性的损失，如洪灾事后补偿、安全工程建设等，但是，由蓄洪功能所引起的一系列生产、生活的安全风险，极大地弱化了分蓄洪区吸引投

资的能力，且这一负面影响自 20 世纪 70 年代起已存在至今，使得分蓄洪区及其周边地区错失了许多发展机遇，在市场规律的影响之下，逐渐造成了不可估量的隐形损失。而弥补这类损失的补偿政策缺位，势必会造成分蓄洪区群众的心理对落后现象的强烈反应，遭受不公平待遇也将会成为当地居民的一致认识。收入差别的悬殊将会直接影响到一个经济实体，社会秩序的相对和谐将会经受考验。虽然国家对显性损失的补偿实践是针对分蓄洪区发展过程中相对滞后这一基本事实所采取的行为，但是却无法弥补隐形损失，这种"损失什么补什么"的方式，实质上并没有解决当地经济社会发展问题，因此，根据分蓄洪区发展特点，研究制定税收优惠政策，并形成一种长效机制，才是解决分蓄洪区经济社会发展问题的有效途径。

从扶持力度角度考虑，分蓄洪区的税收优惠政策对于完善欠发达地区援助政策体系，丰富政策手段和工具，提升扶持政策效率，在真正意义上发挥对问题区域或特殊区域的政策效应具有极大的推动作用。现如今，分蓄洪区不仅肩负着蓄洪功能这一不利发展条件，往往也是多类问题汇集的特殊区域。以洪湖东分块蓄洪区为例，除分蓄洪区以外，其本身也是革命老区、粮食主产区，使得该区享受着国家对革命老区的扶持政策，以及"三农"扶持政策，同时也属于中部六省比照西部大开发有关政策实施范围，虽然上述政策体系中均有相应的条例指出实施税收优惠政策，但是就实施情况而言，并不乐观，政策合力尚未形成，扶持效果并不明显，反而由于在分蓄洪功能上的政策缺失，导致其在享受同等政策的区域中，逐渐被边缘化，若是和东部发达地区的县市相比较，其差距将更为明显，原因在于，上述政策并未考虑到洪湖分蓄洪区的特殊功能，以及由此带来的隐形损失。随着倾斜式的税收优惠政策不断深入，尤其是区域税收优惠政策的地位逐渐由产业税收优惠政策所取代的大趋势下，制定适合分蓄洪区，符合分蓄洪区自身经济发展的税收优惠政策，推动当地经济发展方式转变，进一步享受产业税收优惠政策，放大政策效应，发挥区域税收优惠政策对产业税收优惠政策的辅助推动作用。

从政策功能角度考虑，税收优惠与财政补助一样，也是政府为支持某些纳税人或某种经济行为而采取的一种政策手段，二者都会导致政府财政收入的减少，必须通过其他收入途径才能予以弥补。但两者相比较，税收优惠更具有时效性，且使纳税人既能受益又没有接受财政援助所带来的心理负担，更易被纳税人所接受，此外，也可以减少政府成本。同时，现在正处于全球技术变革、产业分工重塑与中国经济发展方式转变的历史交汇期，税收优惠政策在欠发达区域、问题区域或特殊区域政策体系中的功能作用将更为重要。

二、国内外税收优惠政策制度比较和借鉴

世界各国政府对于本国欠发达地区都采取了各种各样的政策倾斜，其中经济刺激最能体现灵活性和多样性，即通过财政、税收、金融等措施，刺激资本流入欠发达地区。对欠发达地区实行税收优惠，是市场经济国家普遍采取的刺激工具。

（一）国外对欠发达地区实行税收优惠政策的借鉴

1. 美国经验

20 世纪 20 年代，美国南部、西部地区经济停滞落后，不仅抑制了该地区的市场容量和丰富资源的开发利用，而且还阻碍了整个经济的迅速发展。为缩小地区经济的差距，美国联邦政府对不同的地区实行不同的税制，并扩大了州和地方政府的税收豁免权和减免税权限。对落后地区采取了较为优惠的税收政策以鼓励资本向落后地区流动。美国州一级的税收优惠政策主要包括：①减征和免征州的所得税。美国联邦所得税税率为 30%，州无权减免，但对其加征 5%～6% 的州所得税有权减免。并且州有权对在贫困地区投资的企业，视其所创造的就业机会和招收失业或招收无技术专长的工人数量来决定免征、减征州所得税。此外，州还可以降低州个人所得税税率，美国个人所得税的税率最高的州达 8%，而在南部的 15 个州中有 3 个州的个人所得税的税率为全国最低，只有 5.4%。②退销售额。如果在贫困地区的企业区、工业区的企业创造就业机会，雇佣失业工人和无技术专长的工人达到一定的数量，可部分或全部退还企业所得税。通过以上两种税收优惠政策的灵活运用，美国政府将发达地区的税收收入借助税收收入分配和税收负担分配两种传导机制转移到欠发达地区，推进了其经济建设。

2. 意大利经验

以 20 世纪 50 年代开始的意大利南部大开发的"南部工程"为例，税收优惠政策积极应用在发展潜力巨大地区的开发和招商引资方面。意大利南部地貌崎岖不平，山丘遍布，平原面积只占 12.3%，而全国的平均占比是 23.2%。除了自然条件较差外，南方的地理位置相对于北方来说也较差，它远离欧洲大陆市场，因此一直以来南方的经济就落后于北方。意大利政府在发展南部地区经济的举措之一即以优惠的税收政策和金融政策鼓励私人企业参与南方开发。在国家税收优惠政策的吸引下，菲亚特集团、蒙特爱迪生集团等大型私人企业纷纷落户南方。这些大企业本身具有的优秀的管理阶层、雄厚的财力和先进的技术给南方经济的发展注入了新的活力。从意大利"南部工程"的经典案例可以看到，发展欠发达地区，尤其是类似中国少数民族地区的经济，除了完善自身的城市建设，创造吸引外部投资的通信、交通、公共卫生、教育等条件外，更有效的措施无疑是实施一系列切实高效的税收优惠政策，从制度上为欠发达地区创造良好环境来吸引更多的投资，抓住经济向欠发达地区转移的良机。

3. 法国经验

法国东西部之间存在着巨大的经济差距，西部的工业、交通运输业远远落后于东部，西部的家庭平均收入比东部低 20%～30%。自 20 世纪 60 年代起，地区经济发展问题被正式纳入国家中期计划加以实施后，政府先后确定法国西部、西南部、中部高原等农牧区及边远山区、东北老工业区等为重点改革区，并制定了一系列方针和政策用以指导和推进欠发达地区的开发工作。为了刺激落后地区的发展，法国规定地方权力机关可以决定当地 5 年内的税收部分或全部减免。在落后地区的企事业单位可以使用特别折旧法，这种规定比加速折旧制度提高 25%。20 世纪 80 年代初社会党执政后，将这些名目繁多的奖金和补贴一律改称为"国土整治奖金"。另外，对参与区域发展的企业，政府还根据地区和就业人数予以不同程度的税收减免。在贫困地区可酌情享受全部或部分免税优惠，包括行业税、劳工税、不动产转让税等。实行的这些税收优惠使得新建企业或公司减轻了大约80%的税收。1984 年为改造老工业区，法国政府决定从 1983 年开始对在老工业区新建的公司和企业免征地方税、公司税和所得税 3 年，期满后仍可享受 50%的减税待遇。从 1995 年 1 月 1 日开始，对法律明确规定地区创办的企业在 1999 年12 月 31 日之前免征所得税 2 年，减税 3 年。

4. 德国经验

由于政治、经济等各方面原因，德国各个区域及区域之间发展极不平衡，欠发达地区凸显。特别是两德统一后，民主德国的生产力水平仅为联邦德国的 1/3，为促进民主德国的发展，政府采取了一系列促进经济发展的政策和措施，值得我国借鉴。德国政府对落后地区实施税收优惠政策设定了明确的法律，为减税提供法律依据。《联邦基本法》（《宪法》）第 72 条规定：联邦各地区的发展和人民生活水平应该趋于一致。为此，德国设置了多部相关法律，以保证《联邦基本法》的推行。其中，《联邦改善区域结构的共同任务法》规定，联邦和州各出资 50%对落后地区的开发给予补助。在开发落后地区的过程中还制定了《德国共同任务法》，实行了税收减让和特殊折旧政策。减免税收也是德国政府资助中小企业，引导对中小企业投资的一种强有力的手段。为了吸引和帮助在落后地区新建的中小企业，联邦政府规定：在落后地区的新建企业，5 年免交营业税；对新建企业可以消耗完的动产投资，免征 50%的所得税；对中小企业赢利用于再投资的部分免交财产税。1994 年，德国将中小企业免交营业税界限从 2.5 万马克提高到 3.25

万马克；对德国东部采取临时性鼓励措施，将免交营业税的界限从 25 万马克提高到 100 万马克；实行特殊折旧，4 年内按新购置或生产的设备资产成本的 20%进行折旧，降低中小企业所得税。团结统一税是德国联邦政府于 1991 年开始设立的、专门为国家统一的任务而亲自征收的附加税，同时也是联邦的直接税，目的是从较发达的西部地区征集大量税收支持东部发展，缓解了国家支持落后地区的财政压力。这是自两德统一以后，为缩短两地区经济差距而设立的税上税，当初为公司税的 7.5%，现为公司税的 5.5%。习惯上将公司税与团结统一附加税合并计算，称为"带团结统一附加税的公司税"。

学习国外欠发达地区经济发展进程中运用税收优惠政策这一工具的经验，对促进洪湖东分块蓄洪区的经济发展有着积极意义。

（1）实施税收优惠政策，需要区域优惠政策和产业政策相结合。通过区域优惠政策与产业政策的结合，促进欠发达地区产业结构的调整。从各国的实践来看，各国的税收政策对欠发达地区的基础工业、基础设施，以及高新技术企业等都予以不同程度的税收优惠，体现出税收政策明显的倾向性，从而使地区产业结构逐步趋于合理。

（2）实施税收优惠政策，需要直接优惠和间接优惠相结合。直接优惠包括减税、免税、降低税率等；间接优惠包括投资抵免、加速折旧、提取准备金、再投资退税等。从各国的实践来看，并没有使用其中任意一种单一的优惠方式，而是综合使用多种优惠方式，将各种优惠方式的优势有机结合，最大限度地发挥优惠政策的作用。

（二）我国东部发达地区运用税收优惠政策的借鉴

20 世纪 80 年代，我国政府为适应对内改革、对外开放需要，促进社会主义市场经济的全面发展，按照"减税让利"的指导思想，陆续制定了一系列吸引外资、促进国有和非国有经济发展的税收优惠政策，税收优惠的作用范围和调控力度明显加大。

在区域税收优惠方面，我国政府按"经济特区—经济技术开发区—沿海经济开放区—内地"梯度递减的方式体现，即对设立在经济特区的外商投资企业，可以按 15%的税率缴纳所得税；对设立在经济技术开发区和高新技术产业开发区的生产性外商投资企业，可以按 15%的税率缴纳所得税；对设立在经济开发区和沿边、沿海、沿江城市的外商投资企业，其中属于技术、知识密集型的项目和能源、交通、港口建设项目可以按 15%的税率缴纳所得税，属于生产性的企业可以按 24%的税率缴纳所得税；在上述特殊经济区域以外地区的外商投资企业，除生产性企业或能源、交通等一些特殊行业可以享受"两免三减半"的优惠政策以外，一般按33%的税率缴纳所得税（尽管一般地方政府都减免了3%的地方所得税）。因而，东部沿海地区享受的税收优惠待遇高于其他地区，区域税收优惠政策格局初步形成。

此外，在发展过程中，长三角地区政府也积极运用多种税收优惠手段促进技术创新，引导产业升级，促进区域经济合作发展，实现本地区经济可持续、健康发展。具体包括：通过地方政府可以自主运用的税收优惠政策、财政补贴、投资的税收抵免等财政政策手段，引导企业研发投入，鼓励企业的技术创新和产业升级。

时至今日，即使东部沿海地区通过不断开放，取得了显著的发展成果，但仍在不断出台较多且力度较大的税收优惠政策，这些优惠政策主要是激发东部沿海地区原有的区位优势和经济发展潜能。例如，完善经济特区和上海浦东新区新成立高新技术企业的过渡期优惠政策。所得税税法建议对经济特区和上海浦东新区2008年以后新成立的高新技术企业，其"两免三减半"的期限从认定通过年度算起。另外，对于外省市高新技术企业异地迁入的政策延续问题，建议适当放宽，对外省市已经认定的高新技术企业在有效期内无需重新认定，待有效期终止后再行认定或复审。以上的税收优惠政策无疑在东部地区经济发展的过程中起到了积极的促进作用。

（三）我国西部大开发税收优惠政策的借鉴

2000年12月，国务院就发布了《关于实施西部大开发若干政策措施的通知》，明确提出要对西部地区实行税收优惠政策。2001年9月，国务院办公厅转发了《国务院西部开发办关于西部大开发若干政策措施实施意见的通知》，从五个方面对西部大开发税收优惠政策进行了阐述。为保证西部大开发税收优惠政策落到实处，2001年12月，财政部、国家税务总局、海关总署联合发布了《关于西部大开发税收优惠政策问题的通知》，进一步明确了国家对西部大开发税收优惠政策的适用范围和具体内容。2002年5月，财政部、国家税务总局又联合发布了《关于落实西部大开发有关税收政策具体实施意见的通知》，对前期的优惠政策进行了细化和说明。

随着西部大开发的深入，根据经济形势的发展变化，自2006年以后，有关部门对税收优惠政策进行了调整和完善。①2006年调整更新享受西部大开发税收优惠政策的国家鼓励类产业、产品和技术目录；②2007年将西部地区旅游景点和景区经营纳入西部大开发税收优惠范围；③自2008年1月1日《企业所得税法》实施后，在取消大部分区域性税收优惠政策的同时，为支持西部地区发展，明确规定西部大开发的企业所得税优惠政策可以继续执行；④为配合增值税转型改革，规范税制,自 2009 年 1 月 1 日起,对进口的自用设备恢复征收进口环节增值税,但继续免征关税。

实施西部大开发税收优惠政策,对于西部地区经济发展有着重要的积极意义。①在一定程度上减轻了西部地区企业的税收负担,增强了企业的发展能力。过去,西部地区国有企业比重大、资产负债率高、企业包袱重。实施西部大开发以后,一些符合条件的企业能够享受减免税优惠,大大减轻了企业的负担。②就西部地区在全国税收中的占比来看,优惠政策并不会对全国税收收入造成实质性的影响,还有继续实施的空间。对于企业发展能力而言,国家对符合条件的企业给予减免税优惠,增加了企业自有资金,有利于企业做大做强和扩大再生产,增强企业的发展后劲和市场竞争能力。对于那些成长性较好的优势企业而言,更是如此。③促进了西部地区产业结构的优化。对西部大开发的税收优惠主要集中在国家规定的鼓励类产业和新办交通、电力、水利、邮政、广播电视等基础产业领域。这种与产业政策紧密配合的税收减免优惠政策,有力地推动了企业产品结构调整和技术改造,促进了地区产业结构的优化。④促进了西部地区的招商引资。在当前各地招商引资竞争日趋激烈的情况下,政府实施的西部大开发税收优惠政策,无疑增加了西部地区的投资吸引力,有利于西部地区地方政府加大招商引资力度。在政府相关政策的支持下,近年来外商在西部地区的直接投资明显增加。

三、建立洪湖东分块蓄洪区税收优惠政策的建议

分蓄洪区和周边地区的经济差距不容忽视,在制定和完善税收优惠政策时,应结合分蓄洪区内部的功能分区,土地用途、产业发展方向,充分考虑蓄洪功能所造成的隐形损失,抢抓"蓄洪工程"和"安全建设工程"的建设机遇,加大税收优惠政策力度,同步推进洪湖东分块蓄洪区城镇化、工业化、农业现代化、信息化和绿色化"五化"同步发展。具体建议有以下几个方面。

(一)完善洪灾区事后税收优惠政策,加大税收优惠力度

洪水发生之后税收优惠政策,应在补偿管理条例的基础上,扩大优惠范围,加大优惠力度,适当参照自然灾害区,如汶川地震重建优惠政策规定税收优惠政策。对洪灾区内的所有行业(国家限制发展的特定行业除外)实行增值税扩大抵扣范围政策,允许企业新购进机器设备所含的增值税进项税额予以抵扣。制定支持洪灾区基础设施建设的税收优惠政策,对政府为受灾居民组织建设的安居房建设用地免征城镇土地使用税,转让时免征土地增值税。制定支持抗洪救灾税收优惠政策,制定促进洪灾区就业的税收优惠政策等。

（二）充分考虑蓄洪功能造成区内经济发展难、城镇发展难、财政保障难、基础设施建设难等隐形损失，创新税收优惠政策

弥补现有蓄洪功能造成的隐形损失补偿政策缺位，可适当参照自然灾害区、三峡库区、贫困地区的税收优惠政策规定，在税费减免政策等方面支持区内经济发展。因蓄洪功能造成当地经济社会发展存在一定安全隐患，一方面，需要在工程建设上确保分蓄洪区安全区经济社会安全、安心发展；另一方面，需要围绕国家、湖北省重点领域（如民生、产业、环境等），结合洪湖实际，充分考虑主体功能区的发展要求，选择性地针对以水产、耐水性强的农作物为特色、就业吸纳力强、市场潜力大的农副食品深加工、农产品出口、科技服务企业、新型高效农业经营组织、生态环保和生态旅游的绿色经济实体，农村移民安置等民生问题，在交通、水利、信息等基础设施领域给予多样化税收优惠，在增值税、营业税、城镇土地使用税、房地产税、资源税、车船税等多个税种上制定适当的优惠手段，如税费返还，将洪湖分蓄洪区内的各种税费返还用于区内公共基础设施建设，既减轻了国家补偿，又促进了区内经济发展。

（三）实现优惠方式多样化，直接优惠与间接优惠并举

洪湖分蓄洪区目前享有税收优惠政策主要是以直接优惠为主。若在制定分蓄洪区税收优惠政策时，仍然采用直接优惠的方式，势必会加大政府负担，也不能发挥税收优惠的政策导向作用，而投资税收抵免、加速折旧、延期纳税、税收信贷等间接优惠方式只是国家暂时调整税款的入库时间，优惠对象获得的也只是税款有限的使用权，最终并不影响国家总的财政收入，而且还有利于国家加强对税收优惠政策效益的管理与监督。因此，政府需要逐渐转变税收优惠方式，从直接优惠为主向直接优惠和间接优惠方式并举转变，从而使优惠形式多样化。

第三节　建立洪湖东分块蓄洪区洪水保险政策

在过去，一旦发生自然灾害，都是由政府投入巨资进行补偿的。随着市场经济的发展，我国可借鉴发达国家经验，探索建立分蓄洪区内洪水保险政策，即由政府出资一部分，企业和居民投保一部分，社会保险公司承办的洪水保险政策。在平常年份，政府、企业和居民每年可投入一定资金购买保险；在分洪区运用年份，所受损失按照合同，由保险公司给予赔偿，可实现由政府补偿向社会化赔偿的转变，逐步实现风险社会化管理模式。

一、国外关于分蓄洪区洪水保险经验

（一）通过国家立法的形式、采取强制手段推进洪水保险

从国外洪水保险的实施形式来看，对于分蓄洪区洪水保险主要有自愿保险和强制保险两种。实践表明，洪水保险的实施方式不同，起到的作用也不尽相同，如在英国、澳大利亚、新西兰等国家实行的自愿洪水保险，只能起到经济补偿作用。而美国于 1968 年开始推行洪水保险，但自愿投保者甚少，而洪泛区的不合理开发利用仍在继续，联邦机构每年支付的洪灾救济费也在不断增加。1973 年，美国政府颁布了《洪水灾害防御法》，将缴纳洪水保险改为强制性的。一方面，有效地推进了洪水保险，通过征收保险费，分担了政府一部分救灾费用；另一方面，促进了洪泛区的土地利用，减少了洪水灾害损失。

（二）推进强制性洪水保险的必要条件

美国的强制性洪水保险政策效果明显，但推进强制性洪水保险需要一定的必要条件。例如，美国在推行强制性洪水保险时，曾因绘制洪水危险区边界图和洪水保险费率图的进度缓慢等原因，影响了洪水保险计划的实现。因此，划定分蓄洪区类别，确定相应的分蓄洪频率，在受保护区征收防洪保护费，健全分蓄洪区管理条例，是推行强制性洪水保险的必要条件。

二、淮河分蓄洪区洪水保险的试点

（一）试点历程

（1）1981 年，《国务院治淮会议纪要》中提出在蓄洪区试办防洪保险事业，以在使分蓄洪区通畅的同时，改善区内群众生产、生活条件。经水利部和安徽省政府研究决定，拟进行防洪保险试点，以取得经验予以推广。首先，建立防洪基金。防洪基金由中央和地方共同承担，地方配套基金在淮河堤圈保护范围内征收，并成立基金会。其次，对低标准的分蓄洪区实行农作物防洪保险，保费由投保户承担 20%～30%，防洪基金承担 70%～80%，保费每年一次交付。

（2）为了建立分蓄洪区防洪基金，改变单纯依靠国家救济的办法，实行多方集资。1987 年，安徽省制定了《安徽省淮河行蓄洪区防洪基金征收、使用和管理办法》。一是明确征收责任单位。防洪基金的征收工作由各级政府负总责，分类明确责任单位。二是明确征收范围。淮河堤圈保护范围内 6 市 21 县（区）的所有企业、农户按照生产经营情况和受益土地面积多少交纳防洪基金。三是明确征收

任务。受益区内市县的征收任务，由安徽省政府一次下达，5 年不变。市县政府按规定和要求，逐级分解到各企业和农户。四是实行专户存储。各部门及单位征收的防洪基金，都要及时存入财政部门设立的防洪基金专户。

（3）为补充保险费用的不足，安徽省政府于 1988 年出台《安徽省淮河行蓄洪区防洪基金征收、使用和管理办法》，开始对淮河堤防保护范围内的企业和农户征收防洪基金，为第二阶段的试点做准备。第二阶段的试点情况如下：1991 年，淮河流域发生特大洪涝灾害后，经安徽省政府批准，安徽省淮河行蓄洪区防洪基金管理委员会和中国人民保险安徽省分公司于 1992 年开始把保险范围扩大到 6 处分蓄洪区。保险内容与第一阶段相比做了适当调整，保险对象为秋季农作物。承担按调度方案分蓄洪后造成的农作物直接损失，保险期限为 5 年。保险金额按平均亩产和收购价核算。每亩年保费 14.93 元，规定由农户交纳 20%，防洪基金补助 80%。

（二）防洪保险试点的成效及存在问题

1. 防洪保险试点的成效

防洪保险试点成效如下：①对运用保险方式补偿分蓄洪损失进行了有效实践，为进一步推行洪水保险制度积累了经验。②在分蓄洪区开办保险，使农民的行洪损失得到部分赔偿，对保障分蓄洪区及时有效运用、减少矛盾具有重要意义；同时也减轻了分蓄洪区运用后国家对恢复灾区生产、生活及重建家园的救助压力。③洪水保险业务的开办，使农民加深了对水患意识的理解，增强了洪灾风险意识，也增加了对保险业的理解。

2. 防洪保险试点存在的问题

防洪保险试点存在如下问题：①对保险认识不足。1988 年淮河第一阶段试点结束后，计划继续扩大试点，但由于 3 年试点中没有发生行洪赔付，地方政府和群众认为不划算，便不再积极对待保险试点事业，配套资金不到位，试点工作中断；1991 年淮河发生大洪水，安徽省淮河流域启用了 15 个分蓄洪区，损失严重，由于保险试点中断无法给予赔偿，给救灾工作造成很大压力。②保费征收困难。第一阶段试点中，群众只负担保费的 30%，相当于农业税的数额，但农民不愿交，无法达到"取之于民，用之于民"的保险目的。③保险操作不规范。在第二阶段试点中，保险协议应对行洪的董峰湖进行赔偿，而其他几个未行洪的地区也要求赔偿，把保险等同于救灾的做法，不利于保险工作的正常开展。

三、建立洪湖东分块蓄洪区洪水保险政策的建议

《全国滞洪区建设与管理规划》规定，"对于风险比较大的地区，原则上不鼓励洪水保险，损失自担，以起到遏制无序开发的效果，对中度风险或风险相对较

小的区域，可推进洪水保险"。对于风险的大小，可以有两种理解：①洪水风险发生的概率大；②洪水风险造成损失的程度大。洪湖东分块蓄洪区被定位为国家重点蓄洪区，随着安全工程的完工，城镇化规划与发展良好，一旦发生洪水风险，主要是农业损失，损失的程度还是比较小的。并且随着三峡大坝的修建，来自长江上游的洪水风险大为减少，洪湖东分块蓄洪区主要是抵御百年一遇的来自湘、资、沅、澧等水源的分洪，也就是说洪水发生风险概率比较小。另外，在洪湖东分块蓄洪区的商业保险公司愿意给居民提供农业保险，而洪水发生风险概率比较大的安徽阜南的濛洼蓄洪区商业保险公司不愿意提供农业保险，可见在洪湖东分块蓄洪区推进洪水保险是符合国家的相关管理规定的。

（一）建立洪湖东分块蓄洪区洪水保险政策的必要性

1. 洪水保险有利于完善分蓄洪区防洪安全保障体系

通过实施洪水保险可以实现国家和社会共同承担洪水风险，从而建立与不断发展的社会水平相适应的防洪安全保障体系。①洪水保险制度的建立可以促进对洪水的综合管理，即从计划、组织、管理、法规制约等方面实现防洪管理的规范化与社会化，从而在提高防洪效率的同时降低综合成本。②洪水保险有利于分担洪水风险，在解决防洪非工程措施资金来源困难的同时，保障防洪工程措施的日常维护与管理。③洪水保险的实施可以提高区内居民的防洪意识，增强居民对洪水的应变能力，从而在另一种程度上减轻洪水可能造成的经济损失。

2. 洪水保险有利于减轻国家救灾财政压力

我国现行的洪灾补偿与救助制度主要是由中央和地方各级政府进行救济，也就是由政府承担洪灾风险，这种单一的救济方式给政府财政造成了沉重财政的负担。洪水保险制度的建立，将使新时期的国家救灾适应社会主义市场经济，改变洪灾损失的负担方式，将社会财力引入补偿机制，在时间和空间上对巨灾风险进行分散，从而在极大程度上减轻国家的救灾财政压力。

3. 洪水保险有利于提高分蓄洪区内居民生活水平

洪水保险的实施可以弥补正常年份国家与地方财政的不足，保障改善工程设施所需的资金来源。同时，长效分期补偿，通过建立长效合理的补偿机制可以使居民灾区生产、生活得到更快更稳定的恢复，从长远意义上逐步提高分蓄洪区居民的生活水平。

（二）洪湖东分块蓄洪区洪水保险政策推行的方式

基于洪湖东分块蓄洪区现状及洪水的风险特性，我国目前还不具备实施完全依靠市场机制分散洪水风险的保险模式的条件，由政府主导的政策型强制性洪水保险制度更具操作性。但是，实施规模庞大的洪水保险制度不可能一蹴而就，因此，可以通过开展由更具操作性的政府主导模式逐步转变为政府支持下的市场互助模式。

由于洪水保险面临的风险较大，而分蓄洪区内居民的收入普遍偏低，投保人难以承受与高风险相对应的高费率，加之高风险意味着高赔付率，洪水保险也容易出现亏损的现象，因此，在洪湖东分块蓄洪区开展洪水保险应基于保障居民基本生活条件，由政府支持并监督商业保险机构，追求社会效益的最大化，保险机构不能以赢利为目的。

1. 建立配套的法律法规

蓄洪区洪水保险制度的建立必须依靠坚实的法律基础。①出台国家层面的《洪水保险法》及《分蓄洪区洪水保险法》，从而保证洪水保险的强制实施性，消除民众希望单纯依靠救济的惯性思维和侥幸心理。②明确各级政府部门在洪水防范及洪水保险征收与管理中的职能作用，保障洪水保险制度的顺利开展。对于违反分蓄洪区发展规划，擅自在分蓄洪区等高风险地带修建建筑物的企业或个人，不予提供任何救济或补偿。另外，法律法规应明确洪水保险的具体操作模式、保障范围及额度等问题，使洪水保险成为一种受法律保护与支持的社会保障和损失补偿制度。③界定投保范围和投保对象。洪湖东分块蓄洪区洪水保险的投保范围应至少包括分蓄洪区及周边的防洪保护区。在划定投保范围和投保对象时还应充分考虑效益分享和损失共担，即保费不能仅仅由分蓄洪区内的居民承担，还应由受益地区（如武汉等地区）共同承担。洪水保险的投保对象在初期施行时应主要包括居民、中小企业的财产损失和农作物等，具体的投保对象范围可以参照现行的补偿政策制定。对于超出洪水保险保障范围的保险需求，居民应向私营保险公司投保一般性的商业保险，全民参保。

2. 建立"政府主导、商业化运作"洪水保险模式

对于洪水风险灾前与灾后的救助，广大群众主要依赖政府；商业保险公司仍然处在发展初期，对于洪灾损失的财务承受能力有限，因此在对洪水风险管理上不可能依靠商业保险公司起主导作用。而灾害损失的规模和特性迫使政府必须采取某种形式来加以解决。应该在政府主导下，由政府制定统一的洪水保险政策，并出资设立专门的洪水保险机构，负责全国洪水保险计划的制订及实施监督管理、洪水保险基金的管理和运作。再由商业保险公司申请经营洪水保险和再保险。同时，政府以财政手段对参与洪水保险的投保人和保险公司提供支持，给予相应的补贴和税收优惠，以减轻投保人的保费负担，同时也降低了保险公司损失赔付压力。从保险公司角度来看，一方面，通过保险代理人或直接签发洪水保单，并在

承保限额内承担赔偿责任；另一方面，积极采取各种途径如再保险、风险证券化等分散洪灾风险。从群众角度来看，需要提高风险防范意识，培养投保观念。通过政府、保险公司和投保户三方联动体系的循环运作，有效实现洪水灾害的社会分散效应。建议由国家财政部、水利部、民政部、财产保险公司联合设立国家洪水保险总局，作为全国洪水灾害保险管理机构，在省级设立分局，负责统一管理和组织实施洪水保险事务。

3. 明确洪水保险基金的筹集方式

洪水保险基金是开展洪水保险的经济基础。根据目前我国的经济实力，以及分蓄洪区居民的生活水平，洪水保险基金的来源应主要包括以下两个方面。

一方面是来自投保人缴纳的保险费。投保人缴纳的保险费最关键的就是保险费率的厘定，保险费率过低或过高都会对保险人的利益和民众的投保行为产生影响；另一方面是来自国家的补偿及受益地区的财政税收支持。根据我国现行的《蓄滞洪区运用补偿暂行办法》，分蓄洪区启用后国家会对其进行补贴，建议可将这部分资金纳入洪水保险基金，从而保障分蓄洪区的正常运行。

4. 成立专门的管理机构

从国际上已经推行洪水保险的国家来看，没有任何一个国家的商业保险公司有能力独立开展本国的洪水保险业务。洪水保险涉及面广、业务量大，一旦开展则需要专门的机构全面负责洪水保险的各项事务。可以在洪湖市设立洪水保险管理局，负责洪水保险政策的制定、洪水保险基金的管理等业务。

在洪水保险的实施过程中应保障其可操作性，对居民所缴的保险费采用特别账户管理方式，将居民每年缴纳的保费和政府拨款补贴的保费计入同一个账户，年年积累，允许家族继承，但不能提现。同时应保证在发生洪灾后洪水保险的理赔效率，政府的水利职能部门可牵头负责专门培训一批洪灾损失专业评估人员，一旦发生洪灾，能迅速对洪水灾害展开专业性评估。根据评估结果及相关法律规定对区内受灾居民进行及时性赔付，保证灾民基本的生活。

5. 各级地方政府应做好洪水保险的指导、监督和保障工作

根据国家颁布的分蓄洪区运用补偿政策，国家在每次分蓄洪区启用后均会提供不同程度的救助，久而久之也使得分蓄洪区居民有了一定的依赖思想。尽管洪水保险曾进行过多次试点，但很难找到成功实施的先例，因此，洪水保险仍属于新兴事物。居民对保险本身的不信任，也增加了洪水保险的推广难度。因此，各级政府应开展洪水保险的多项宣传教育活动，在从本质上提高居民洪水风险意识的同时，更增强居民对洪水保险的信赖和信心。例如，在汛期通过广播、电视、宣传册等形式对受影响区域内的居民进行宣传,将洪水保险的各项政策讲解到位。另外,加强区域内中小学青少年对洪水保险意识的培养,如在学校定期播放反映洪水灾害的宣传片,举行与洪水保险相关的知识竞赛等。

第四节　建立洪湖东分块蓄洪区对口帮扶政策

对口帮扶政策是国家的一项新兴的政策,是贯彻先富带动贫困区域逐步发展,从而稳定社会并达到全国和谐的措施。例如,新兴的工业城市在一定年限内针对另外一个有同样资源的城市在技术、经济、设备等方面的无偿投入。

一、建立洪湖东分块蓄洪区对口帮扶政策的必要性

建立洪湖东分块蓄洪区可以给当地带来巨大的社会效益,但是对其带来的经济效益却较小,蓄洪区的群众应得到一定的补偿,维护费用也应该得到补充。按照市场经济规律的要求,本着"谁受益谁负担"的原则,洪湖东分块蓄洪区的防洪费用和因防洪而对蓄洪区及周边所造成的损失都应由受益地区适当分摊。上下游受淹区和受益区不应是一方牺牲,另一方受益的对立关系,受益区应当返还一部分利益给受淹区,政策上应当保证受淹区和受益区合理地分享经济效益。因此,要设立分洪保障发展基金。

由于洪湖东分块蓄洪区蓄洪工程以保护武汉等重大城市经济发展和财产安全为重点,该基金可由主要受益区(武汉市)从土地出让金中提取一定比例资金设立,国家和省级财政给予补充。基金投资主要用于分蓄洪区内防洪工程、农田水利、民生发展等基础设施建设,以缓解大型水利项目投资渠道单一的局面。同时,加大对分蓄洪区东分块结对帮扶的力度,特别是武汉市等受益地区要在产业转移、项目合作、资金援助等方面给予大力扶持,促进分蓄洪区域经济社会可持续发展。

分洪保障资金用于分蓄洪区内所实施的项目,重点选取能够改善当地贫困人口生产、生活条件的优势项目,可以有效提高人民生活水平,为当地农业、牧业等产业提供便利的项目,同时兼顾好经济效益与民生效益。资金使用核心要求是:重点地区帮扶资金必须专款专用,严禁挤占挪用。资金使用原则为:①脱贫优先原则。优先扶持能够促进洪湖分蓄洪区长效增收的开发性项目,重点解决贫困地区发展面临的"瓶颈"问题,确保贫困人口实现稳定增收。②突出重点原则。重

点扶持武汉、洪湖两市的对口帮扶合作项目，坚持民生工程优先，注重项目的规模性、完整性、实效性和优势性。③配套使用原则。分洪保障基金要按照对口帮扶合作的区域、任务、目标和要求，与当地政府相匹配的配套资金统筹安排，形成合力，发挥整体效应。④履行程序原则。对口帮扶合作项目要严格执行项目法人、招投标、工程监理、合同管理、竣工验收等基本建设制度，严格按照项目建设内容使用资金。

二、广州对口帮扶三峡库区的经验借鉴

（一）基本情况

自 1993 年开始，广州市承担了对口支援三峡库区重庆市巫山县工作任务。根据 2011 年全国对口支援三峡库区工作会议精神，从 2013 至 2020 年，各地将继续承担对口支援三峡库区任务。自 2011 年开始，对口支援三峡库区重庆市巫山县财政专项资金由过去每年 500 万元增加至每年 600 万元。专项资金主要用于巫山县教育、卫生、民政等涉及民生的公益项目。

近几年来，广州市认真贯彻中央指示精神，切实落实国务院印发的《全国对口支援三峡库区移民工作五年（2008—2012 年）规划纲要》，坚持情系三峡库区，以对口支援为己任，不断加大支援力度，创新支援模式，拓宽支援渠道，优先民生支援，对口支援三峡库区移民工作取得新成效。2011 年投入资金 600 万元，共完成巫山中学龙门校区二号教学楼、巫山县福利中心敬老院等社会公益类项目的建设；计划外无偿支援 1520 万元，帮助巫山建造环境监测船、幼儿园运动场和巫山神女峰旅游接待中心，其中 1000 万元分 3 年拨付，无偿支持巫山神女峰旅游接待中心项目建设；组织 7 批次党政和经贸代表团赴三峡库区考察，协调 2 个企业到库区投资办企业，收到了较好的社会和经济效益。三峡库区外迁移民生活稳定，外迁移民安稳致富工作不断取得新的进步。

（二）基本做法

（1）不断加强交流互访，打牢对口支援基础。广州市各级领导把对口支援三峡库区作为一项重要的政治任务来抓，注意加强与三峡库区政府和领导的交流。

（2）不断加大支援力度，促进统筹发展。广州市加强对口支援的三峡库区重庆巫山县公共基础设施建设，促进巫山县城乡一体化和城镇化水平逐年提高。全年广州市计划内无偿支援财政资金 600 万元，用于支持巫山县教育、民政、卫生、交通、培训、宣传等 6 个公益类项目建设。同时，重视以政府为主导，积极引导

和组织广州企业赴三峡库区开展经贸交流活动，以市场调节为机制，鼓励有意向的广州企业到三峡库区落户；继续支持已经建成的远程招工系统运作，加强两市劳务协作关系。

（3）不断延伸支援领域，着力培训三峡库区人才。近年来，智力帮扶一直是广州市对口支援三峡库区工作的重要组成部分。2011年，广州市借助其对口支持西部地区干部人才培训平台，积极协调为重庆巫山县培训干部24名，为湖北宜昌和秭归县培训干部12名；还积极拓展教学模式，利用网络远程教学形式培训巫山县医疗卫生专业骨干；投资近10万元，以中、小微型及个体企业经营管理与发展为内容，通过理论学习与实地考察相结合的方式，安排10天时间，在广州为巫山县培训移民致富带头人30人，收到了开阔视野、更新观念、提高致富门路和创业本领的良好效果。

（4）不断强化外迁移民工作，确保外迁移民安稳致富。紧紧围绕"稳得住，能致富"这个中心开展外迁移民工作。严格落实三峡移民的后扶政策和移民资金的管理。

三、建立洪湖东分块蓄洪区对口帮扶政策的建议

在某种程度上说，通过对口帮扶，欠发达地区能够借助发达地区经验、技术和财力优势实现显著的经济和社会效益，但单纯依靠外力的援助发展是远远不够的。李鹏同志在1991年中央民族工作会议上曾指出："加快民族地区经济和社会的发展，主要靠三条：一是国家的继续扶持；二是经济比较发达地区的对口帮扶；三是民族地区自身的奋斗。这三个方面要统筹规划，有机结合，形成合力，这样才能发挥更大的作用。但是，归根到底要依靠民族地区各族人民进一步发扬自力更生、艰苦奋斗的精神，不断增强自我发展的能力。"只有在对口帮扶的帮助下不断学习、借鉴发达地区先进经验，挖掘自我发展优势，提高民族地区自我发展能力，坚持按市场经济规律办事，推动产业结构调整和经济增长方式的转变才是根本之道。因此，自力更生是根本，对口帮扶是辅助力量。

（一）充分考虑受益地区（如武汉等）与洪湖市利益共同体关系，建立对口支援专项资金

洪湖分蓄洪区功能之一是减轻武汉市及其他大中城市的防洪压力，受益区可参照"南水北调"工程中北京市对丹江口市财政定额补偿政策，采取资金补助、定向援助、对口支援等多种形式，促进分蓄洪区经济社会发展。

（二）实行全域帮扶，建立健全对口帮扶的培训机制

城市是地区社会经济、文化中心，城市的发展可以带动地区社会经济的发展，因此在一定程度上帮扶欠发达地区的城市建设是必要的。但是，在洪湖分蓄洪区，绝大部分人口还分布在广大的农村地区，如果对口帮扶只关注城市建设而忽略广大农村地区的建设和发展，显然达不到对口帮扶政策实施的目的。只有占人口绝大多数的农村地区经济得到发展，才会推动城市基础设施建设和城市规模的迅速扩大。只有包括广大农村的整个地区得到全面发展，对口帮扶政策的实施才能够取得成功。因此，城市基础设施建设应为次，加快广大农村地区的经济发展才为主。

同时，按照"扶贫先扶智"的思路，切实做好联系村农民的政策宣传，开展经常性的思想教育、法制教育和科技培训，不断提高联系点村民的思想认识、法律意识和科技水平。抓好各类"订单"培训，有的放矢地组织贫困人口参加针对性强、实用性强的技能培训，提高劳务输出的层次和市场竞争力，使每个农户家庭有一个农业技术明白人、一个具有务工技能的劳动力，增强贫困人口的脱贫致富能力。

（三）制定短期与长期帮扶目标措施

按照对口扶贫工作一定五年不变，不脱贫、不脱钩的要求，树立长期作战的帮扶思想，把定点帮扶贫困乡村作为一项制度长期坚持下去。立足帮扶村、户的实情，着眼长远，注重实效，制定短期与长期帮扶目标措施，做到既有短期见效的帮扶措施，解决好当前农民群众生产和生活中的具体困难和问题，也有长期帮扶对口村在发展村级基础设施建设、壮大村级集体经济、全面建设社会主义新农村等方面的具体办法和措施，逐步完善和健全长期与短期相结合、行之有效的对口帮扶政策。

第五节　建立洪湖东分块蓄洪区产业培育政策

一、合理引导产业发展方向

贯彻第十八届五中全会精神和湖北省"十三五"规划的目标任务，按照功能分区要求，构建布局合理、结构优化、竞争力强、适应蓄洪区特点的产业体系，即在安全区实施创新驱动战略，鼓励支持高科技大型企业落户发展，加快承接发

达地区产业转移，加强人才、技术、产业、项目等方面的引进，推进城镇化、工业化建设步伐。在非安全区以农业为主，鼓励土地流转和土地集约化、规模化生产经营。

（一）积极培育分蓄洪区支柱产业

积极培育分蓄洪区支柱产业，这是实现洪湖东分块蓄洪区经济发展和逐步致富的根本保证，也是增强分蓄洪区可持续发展能力的重要支撑。要把洪湖东分块蓄洪区资源、劳动力和区位优势转化为现实生产力，逐步构建一个布局合理、结构优化、竞争力强、适应洪湖东分块蓄洪区特点的产业体系。要立足洪湖东分块蓄洪区优势，发挥市场机制作用，进一步调整和优化农业产业结构，发展优质农副产品和水产品。加快农产品种养殖基地建设，培育适应市场需求的特色产业，积极引进区外的资本、技术、人才，发展加工业和制造业。大力发展特色农业，加快交通运输、餐饮食品、商业贸易等服务业的发展。积极发展洪湖东分块蓄洪区旅游业，建立旅游资源开发、旅游服务、旅游商品生产经营、旅游休闲娱乐等相配套的旅游产业体系。

（二）加快推进优势产业项目

项目是产业发展的载体。由于洪湖东分块蓄洪区在区位、交通、环境等方面没有绝对优势，发展产业必须发挥资源优势，发展特色产业，积极探索和实践通过市场机制发展产业的新路子。洪湖东分块蓄洪区内大多为传统农业，水产品、畜产品及粮、棉、油等农产品资源十分丰富，但农产品加工业并不强，水产品深加工发展有限，分蓄洪区内滞后的农产品加工业与丰富的农产品资源极不适应，只有建立与农业资源相配套的农产品加工业，才能将资源优势变成竞争优势，农产品才有更广阔的市场。

（三）围绕资源优势兴加工

依托洪湖东分块蓄洪区及洪湖农业资源，应重点发展四大系列的农产品深加工：①以德炎水产公司等为龙头的水产品深加工；②以洪湖浪米业公司、太禾米业公司等为龙头的粮油加工；③以威城食品公司及生猪屠宰场等为龙头的畜禽产品深加工；④以福洪木业公司等为龙头的林产品深加工。

（四）依托工业园区兴加工

重点发展洪湖两大水产加工园区，即以德炎水产为主体的德炎水产加工园区和以蓝田水产为主体的瞿家湾水产加工园区。同时，加强区域内农产品加工基地建设。推进蔬菜加工，龙口等地的粮棉加工，粮油及禽蛋加工，燕窝等地的粮油加工等乡镇农产品深加工基地建设。通过加工园区和基地建设，提升分蓄洪区农副产品加工产值。

（五）扶持壮大加工企业

目前，洪湖东分块蓄洪区已有一定规模的农产品加工企业。此后应该注意如下几个方面：①要进一步扩大加工规模。②要进一步提高产品档次。适应不同消费群体的需要，开发系列产品；严把质量关，树立良好的品牌形象，创建农产品品牌，要全面宣传和推行洪湖分蓄洪区"绿色无污染"的经营理念，全力打造洪湖分蓄洪区农产品精品名牌；要积极开发外向型农产品加工企业，扩大农产品出口量。③要进一步整合现有资源。对同一类型的小型加工企业，采取兼并、股份、嫁接等多种形式，将资源进行整合、重组，扩大企业规模。

（六）发展民营经济兴加工

洪湖通过推进企业民营化，使德炎水产公司迅速由一个小型水产品加工厂，发展成一家拥有 500 万元资产、以出口为主的大型水产品加工企业。今后洪湖东分块蓄洪区也可学习借鉴，加快推进企业民营化的进程，大力发展民营经济，鼓励农村能人和外出务工经商人员回乡投资兴业，创办农产品加工企业，支持个体工商业主投入加工业。

（七）优化环境兴加工

加工企业的发展必须要有一个良好的环境。①营造良好的加工业治安环境；②营造良好的政策环境，建立健全并落实好支持发展农产品加工业的各项政策；③加强对农产品加工企业的引导，鼓励企业经营者学习先进的经营管理理念，营造适宜优秀企业家脱颖而出的良好社会环境，努力造就一批具有现代经营管理理念和开拓创新意识的职业企业家，培育一批市场竞争力强的农产品加工企业。

二、给予产业和项目更多扶持

洪湖东分块蓄洪区建设需占耕地近 10 万亩（包括临时占地），为国家重大工程做出的奉献和牺牲理应得到全社会的关爱和尊敬。但现在有关方面对洪湖东分块蓄洪区内的困难关心不够，对存在的问题重视不够，对扶持发展的力度不够。因此，我国必须进一步强化各级党政对移民及蓄洪区发展的高度认识。实现区内安稳致富，和谐发展，事关区内经济发展与武汉城市圈的经济与发展，深刻认识、妥善解决分蓄洪区内问题进而加快分蓄洪区发展极为重要。洪湖东分块蓄洪区的发展，各级有责。

参照三峡库区移民的产业帮扶政策和后续补偿政策，国家、省直部门及受益区应支持和安排一批重点企业在洪湖落户，优先考虑在分蓄洪区安排一批生态环境、水土保持、民生工程、基础设施项目。结合武汉城市圈发展与中部崛起，在基础设施建设、生产力发展布局、产业发展项目安排方面，向分蓄洪区内这一薄弱地区倾斜。分蓄洪区内的县（市）自身要用好、用活现有政策，积极借助扶持政策优势，着力改善投资环境，加大招商引资力度，培育产业支撑，扩大经济总量，实现农村工业化和农业现代化。

三、营造良好投资环境

建立并落实支持农产品加工业发展的各项政策，加强对农产品加工企业的引导，鼓励学习先进的经营管理理念，营造适宜优秀企业家脱颖而出的良好社会环境，努力造就一批具有现代经营管理理念和开拓创新意识的职业企业家，培育一批市场竞争力强的农产品加工企业。武汉地区是洪湖分蓄洪区的受益方，要对分蓄洪区进行帮扶。省直部门（湖北省农业厅、林业厅、环保部门）在各种项目上需要优先考虑分蓄洪区，例如，农产品加工项目，洪湖市的农产品或商品进超市可免收"入场费"，享受武汉市的同等待遇，洪湖的蔬菜要作为一个产业来发展，形成蔬菜产业带。进一步强化对洪湖东分块蓄洪区的支援支持力度，使对口支援在分蓄洪区的产业发展上产生实效。

阿格因 P, 豪伊特 P. 2011. 增长经济学[M]. 杨斌译. 北京: 中国人民大学出版社.

奥尔森 M. 2014. 集体行动的逻辑[M]. 陈郁, 等译. 上海: 上海人民出版社.

蔡莉. 2016. 洪湖东分块蓄洪区蓄洪工程的社会影响评价——基于洪湖东分块蓄洪社会经济
　　发展的调查[J]. 湖北工业大学学报, 31(3): 26-30.

程晓陶. 1998. 美国洪水保险体制的沿革与启示[J]. 经济科学, (5): 79-84.

丁菊红, 邓可斌. 2008. 政府偏好、公共物品供给与转型中的财政分权[J]. 经济研究, (7): 78-89.

丁菊红, 邓可斌. 2009. 转型中的财政分权、地区增长差异与公共物品供给[J]. 南方经济, (3): 32-40.

杜晓鹤. 2006. 蓄滞洪区补偿政策研究[D]. 中国水利水电科学研究院硕士学位论文.

方民. 2012. 对洪湖分蓄洪区东分块蓄洪工程的思考[J]. 中国防汛抗旱, 22(4): 18-20.

桂林, 陈宇峰, 尹振东. 2012. 官员规模、公共物品供给与社会收入差距: 权力寻租的视角[J].
　　经济研究, (9): 140-151.

郭庆旺, 贾俊雪. 2009. 地方政府间策略互动行为、财政支出竞争与地区经济增长[J]. 管理世界,
　　(10): 17-27.

郭双. 2006. 阿什河干流哈尔滨段河道整治与开发利用滩地的建议[J]. 水利科技与经济, 12(4):
　　235-236.

郭玉清, 姜磊. 2013. 区域外部性视角下支出竞争的增长效应研究[J]. 南方经济, (3): 23-36.

国务院发展研究中心发展战略和区域经济研究部, 水利部淮河水利委员会联合课题组. 2009.
　　淮河流域行蓄洪区管理政策研究[M]. 北京: 中国发展出版社.

胡月, 张继权, 刘兴朋, 等. 2011. 荷兰防洪综合管理体系及经验启示[J]. 国际城市规划, 26(4):
　　37-41.

黄为. 2005. 在洪水风险管理中推行洪水保险制度的思考[J]. 水利水电快报, 26(24): 13-16.

郎劢贤, 刘小勇, 刘定湘, 等. 2015. 蓄滞洪区管理问题与对策初探——以荆江分洪区与瓦埠湖
　　蓄洪区为例[J]. 科技资讯, (31): 107-108.

李加明. 2013. 基于淮河视角的洪水保险模式[J]. 时代金融, (10): 99-100.

李佳. 2015. 淮河流域行蓄洪区洪水保险实施困境和对策分析[J]. 江西农业学报, (5): 139-142.

李建英. 2001. 关于实施西部大开发税收优惠政策的若干选择[J]. 内蒙古财会, (8): 9-10.

李涛, 周业安. 2009. 中国地方政府间支出竞争研究——基于中国省级面板数据的经验证据[J].
　　管理世界, (2): 12-22.

廖元昌. 2011. 上海对口帮扶德昂族发展绩效评估[J]. 科学时代月刊, (7): 11-14.

刘国艳. 2015. 规范完善税收优惠政策的建议[J]. 中国经贸导刊, (6): 62-65.

刘慧萍. 2007. 安徽省淮河行蓄洪区人口安置研究[D]. 合肥工业大学硕士学位论文.

刘蓉, 刘楠楠, 黄策. 2013. 地区间外溢性公共物品的供给承诺与匹配率研究[J]. 经济研究,

(10): 112-123.

莫代山, 莫彦峰. 2010. 发达地区对口支援欠发达民族地区政策实施绩效及对策研究——以来凤县为例[J]. 湖北民族学院学报(哲学社会科学版), 28(4): 35-38.

彭贤则, 袁君丽. 2016. 洪湖东分块蓄洪区洪水风险管理政策研究[J]. 特区经济, (4): 94-97.

彭贤则, 周子晨. 2015. 分蓄洪区生态补偿机制研究: 以洪湖分蓄洪区为例[J]. 中国矿业, (S1): 206-209.

水利部水土保持司. 2006. 湖北省第四次水土流失遥感调查正式启动[J]. 水土保持应用技术, (4): 5.

宋紫峰, 周业安. 2011. 收入不平等、惩罚和公共物品自愿供给的实验经济学研究[J]. 世界经济, (10): 35-54.

孙红玲. 2007. 中国区域财政横向均衡与均等化分配模型[J]. 中国工业经济, (12): 61-68.

涂向阳, 吴小明, 林素彬, 等. 2013. 城市近郊蓄滞洪区非洪水期调度运行管理研究[A]// 中国水利学会. 中国水利学会 2013 学术年会论文集——S2 湖泊治理开发与保护[C]. 北京: 中国水利水电出版社: 772-779.

威尔科克斯, 等. 1987. 美国农业经济学[M]. 刘汉才译. 北京: 商务印书馆.

吴国英. 1993. 对我省民族地区经济发展的几点思考[J]. 青海民族研究, (2): 7-14.

吴帅. 2013. 分权、代理与多层治理: 公共服务职责划分的反思与重构[J]. 经济社会体制比较, (2): 122-130.

吴永生, 官剑颖. 2012. 淮河干流行蓄洪区土地利用研究[J]. 水利发展研究, 12(10): 52-54.

向立云. 2003. 蓄滞洪区管理案例研究[J]. 中国水利水电科学研究院学报, 1(4): 260-265.

阎坤. 2004. 公共支出理论前沿[M]. 北京: 中国人民大学出版社.

杨思蜜. 2013. 洪湖市农业产业化问题研究[D]. 华中师范大学硕士学位论文.

张蕾. 2015. 分蓄洪区的管理方式探讨[J]. 黑龙江科技信息, (28): 218.

张琳, 邵月琴. 2010. 我国洪水保险设立模式探讨[J]. 保险研究, (8): 68-73.

张煜. 2006. 集权型政府中的财政分权制度研究[D]. 河北经贸大学硕士学位论文.

赵春明, 邓坚, 李宪文, 等. 2000. 起草蓄滞洪区运用补偿办法的几点体会[J]. 中国水利, (7): 10-11.

周业安, 宋紫峰. 2008. 公共物品的自愿供给机制: 一项实验研究[J]. 经济研究, (7): 90-104.

周业安, 宋紫峰. 2012. 收入不平等、外部奖惩机制和公共物品自愿供给[J]. 社会科学辑刊, (5): 134-143.

Atkinson A B, Stern N H. 1974. Pigou, taxation and public goods[J]. Review of Economic Studies, 41(41): 119-128.

Bardhan P, Mookherjee D. 1998. Expenditure decentralization and the delivery of public services in developing countries[J]. Boston University-Institute for Economic Development.

Besley T, Case A. 1995. Incumbent behavior: vote-seeking, tax-setting, and yardstick competition[J]. American Economic Review, 85(1): 25-45.

Besley T, Ghatak M. 2001. Government versus private ownership of public goods[J]. The Quarterly Journal of Economics, 116(4): 1343-1372.

Boyne G A. 1996. Competition and local government: A public choice perspective[J]. Urban Studies, 33(4): 703-722.

Buchanan J M. 1965. An economic theory of clubs[J]. Economica, 32(125): 1-14.

Clarke E H. 1971. Multipart pricing of public goods[J]. Public Choice, 11(1): 17-33.

Dewatripont M, Maskin E. 1995. Credit and efficiency in centralized and decentralized economies[J].

Review of Economic Studies, 62(4): 541-555.

Faguet J P. 2004. Does decentralization increase government responsiveness to local need? decentralization and public investment in Bolivia[J]. Journal of Public Economics, 88(3-4): 867-893.

Gordon R H. 1983. An optimal taxation approach to fiscal federalism[J]. The Quarterly Journal of Economics, 98(4): 567-586.

Gradstein M. 1993. Rent seeking and the provision of public goods[J]. Economic Journal, 103(420): 1236-1243.

Groves T, Ledyard J. 1976. Optimal allocation of public goods: a solution to the "free rider" problem[J]. Discussion Papers, 45(4): 783-809.

Jackson M O, Wilkie S. 2001. Endogenous games and mechanisms: Side payments among players[J]. Review of Economic Studies, 72(2): 543-566.

Keen M, Marchand M. 1997. Fiscal competition and the pattern of public spending[J]. Journal of Public Economics, 66(1): 33-53.

Klumpp T. 2004. Finitely repeated voluntary provision of a public good[J]. Journal of Public Economic Theory, 14(4): 547-572.

Lenka S. 2009. Spatial interdependence of local public expenditures: Selected evidence from the Czech Republic[J]. Auco Czech Economic Review, 3(1): 19.

Mueller D C. 2003. Public choice III[J]. Cambridge Books, 30(3-4): 469-473.

Musgrave R A. 1959. The theory of public finance: A study in public economy[J]. American Journal of Clinical Nutrition, 99(1): 213.

Oates W E. 1972. Fiscal Federalism[M]. New York: Harcourt Brace Jovanovich.

Olson M. 1971. The logic of collective action[J]. American Sociological Review, 355(1403): 1593-1597.

Qian Y, Roland G. 1998. Federalism and the soft budget constraint[J]. American Economic Review, 88(5): 1143-1162.

Qian Y, Weingast B R. 1997. Federalism as a commitment to preserving market incentives[J]. Journal of Economic Perspectives, 11(11): 83-92.

Reza B. 2002. Social sector spending in a panel of countries[J]. Imf Working Papers, 02(35): 33-43.

Samuelson P A. 1954. The pure theory of public expenditure[C]. The Review of Economics and Statistics: 1-29.

Sefton M, Shupp R, Walker J M. 2005. The effect of rewards and sanctions in provision of public goods[J]. Economic Inquiry, 45(4): 671-690.

Stigler G J. 1957. The tenable range of functions of local government [A]//Joint Economic Committee. Federal Expenditure Policies for Economic Growth and Stability, 8th Cong., 1st Sess: 213-219.

Tiebout C M. 1956. A pure theory of local expenditures[J]. Journal of Political Economy, 64(5): 416-424.

Weingast B R. 2000. The theory of comparative federalism and the emergence of economic liberalization in Mexico, China and India. http: //www. stanford. edu/people/weingast/weingast. comp. fedm. MS0. 00. pdf[2016-06-08].

附录一　洪湖东分块蓄洪区社会经济发展调查报告

　　洪湖东分块蓄洪区工程项目涉及区域包括新滩、黄家口、汉河、乌林、龙口、老湾、大同、大沙、燕窝等9个乡、镇、场。为了了解当地经济发展的现状，本课题组通过问卷调查的形式，走访了新滩、黄家口、龙口、老湾、大同和大沙等6个乡镇，共发放《洪湖东分块蓄洪区社会经济发展的调查问卷》350份，回收有效问卷264份，在统计调查结果的基础上，分析洪湖东分块蓄洪区经济社会发展的特点。

　　一、洪湖东分块蓄洪区发展状况

（一）地理、资源和人口现状

　　洪湖东分块蓄洪区位于洪湖市东部，与武汉的汉南区仅一河之隔。从东荆河流入长江的入河口开始，由洪湖长江干堤、东荆河堤、洪湖主隔堤、腰口隔堤一起形成封闭圈。洪湖东分块蓄洪区是典型的"鱼米之乡"，土地肥沃，水产品丰富。区内包括新滩、黄家口、汉河、乌林、龙口、老湾、大同、大沙、燕窝等 9个乡、镇、场，总面积 883.62km²，人口 30 万人，其中非农业人口 4.36 万人，耕地总面积 80.11 万亩，人均耕地面 2.14 亩，城镇居民人均可支配收入 14 567 元。

（二）历史回顾

　　洪湖市属于湖泊湿地，其发育形成经历了漫长的历史时期。从西周开始，其沿长江一线由于江水泛滥，泥沙堆积成带状平陆，经过人工垦殖成田。随着长江水和汉水连续泛滥后，一次又一次地输入大量泥沙，"泽区"抬高，积水向相对低洼处排泄，形成洪湖平原上的一连串湖泊。后来大部分洼地被开垦为农田，洪湖东分块蓄洪区基本上就是通过对洼地的开垦所形成的。洪水过后泥沙堆积所形成的平原，土地肥沃，湖泊众多，是典型的"鱼米之乡"。

　　新中国成立后，湖北省政府设立洪湖市，其行政区划分按原沔阳县属地，以东荆河为界，东荆河以南划归洪湖市，并划嘉鱼县龙口、燕窝和监利县螺山、界牌为洪湖市行政区域，洪湖80%左右的水域划归洪湖市管辖，20%左右的水域划归监利县管辖。

　　改革开放之初，洪湖市"鱼米之乡"的特征得到充分体现，洪湖市的经济发展在县市当中是排在前几位的。但随着改革的深入、工业化的发展，洪湖市的经济发展受阻，特别是遭遇1998年长江特大洪水后，经济发展的速度更为缓慢。

二、洪湖东分块蓄洪区经济社会发展的特点

（一）总体来说洪湖东分块蓄洪区经济社会发展滞后

　　洪湖分蓄洪区内辖洪湖市、监利县的23个乡镇，2个城区办事处，3个农场管理区，671个行政村。2013年年底统计，区内居住306 752户，共计1 289 426人；耕地1 618 420亩，粮食总产量1 051 994t，棉花总产量15 069t，油料总产量120 458t；水产养殖面积70 152.04hm²，水产品总产量49.0522万t；工农业生产总值292.76亿元（其中工业总产值185.72亿元、农业总产值107.04亿元），固定资产总值867.25亿元，社会财产总值1162.45亿元。

　　据《荆州年鉴》《湖北年鉴》等历年资料显示，洪湖、监利两县市同分蓄洪区外其他县市区横向比较，经济增长缓慢，发展速度明显滞后，地区生产总值远远落后于周边的钟祥、潜江、天门、仙桃等地区，在全省排位名次明显靠后。

　　洪湖东分块蓄洪区是在洪湖分蓄洪区中划出的一小块，与洪湖分蓄洪区其他地区比较其经济增长更为缓慢，发展速度更为滞后，地区生产总值远远落后于洪湖分蓄洪区其他地区。洪湖东分块蓄洪区自然面积占到了整个洪湖分蓄洪区的1/3，区内面积883.63km²，人口只占到整个洪湖分蓄洪区的1/4，而工农业总产值（含固定资产）分别只占整个洪湖分蓄洪的1/5。

　　洪湖东分块蓄洪区内除了新滩镇工业有一定程度的发展外，其他的乡镇如黄家口、龙口、老湾、大同、大沙、燕窝主要是以农业经济为主，工业极为缺乏。新滩镇的工业发展得益于洪湖市政府与武汉经济技术开发区签订合作共建新滩新区协议。按照协议规定，遵循"统一规划、建设、招商，合作共建、利益共享"的原则，规划总面积69km²的新滩工业园作为武汉产业转移的承接地，目前有一定的成效。

（二）洪湖东分块蓄洪区经济社会发展的具体特点

　　从调查统计显示的结果来看，洪湖东分块蓄洪区经济社会发展的具体特点

包括以下几个方面。

1. 居民的收入水平偏低

洪湖东分块蓄洪区的居民收入相比于周边县市来说普遍低下。调查显示，在当地人均年收入 20 000 元以上的家庭只占 17%，人均年收入 20 000 元以下的家庭占绝大多数，达到了 83%。而人均年收入在 3000 元以下的家庭占 19%，人均年收入 3000～5000 元的家庭占 23%。这一统计结果大大低于周边县市的平均水平，也低于洪湖市东分块蓄洪区以外的平均水平（附图 1-1）。

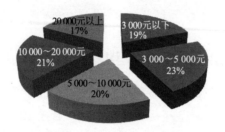

附图 1-1　家庭人均年收入构成

2. 家庭收入的主要来源是农业收入

洪湖东分块蓄洪区是典型的工业缺乏区，除了新滩镇在近年来和武汉经济技术开发区合作共建新滩新区，有一定的工业基础外，其他乡镇的工业基本上没有。但新滩镇的工业发展也仅仅是处于起步阶段，多数企业还在观望是否要进入，这也反映在调查结果中。在调查的人员当中，农村家庭收入主要来源于农业收入，占到了 90%。在农业收入来源的种类来看，粮食和水产作为家庭收入来源的比率各约占 1/3，棉花、蔬菜和莲藕三者的收入约占家庭收入来源的 1/3。这也体现了洪湖"鱼米之乡"的特点，但也反映了农户收入来源的单一，再加上农产品价格的不断走低，导致了当地居民生活艰难（附图 1-2）。

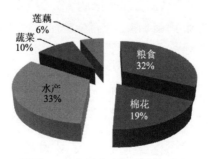

附图 1-2　农村家庭主要收入来源

3. 洪湖东分块蓄洪区的城镇化建设相对滞后

从城乡居住人口的情况来看，农村居民的人口占大多数。《洪湖市统计年鉴（2012）》显示，洪湖东分块蓄洪区内户籍人口 30 万人，非农业人口 4.36 万人，农村人口占比 85.5%，城镇人口仅占 14.5%。从调查结果看，认为当地城镇化建设严重滞后的受访者达到了 26%，认为城镇化建设滞后的受访者达到了 36%，只有 29%的受访者认为目前的城镇化建设发展正常。对于目前影响当地城镇化建设原因的看法，31%的受访者认为是居民居住不集中所导致的；49%的受访者认为城镇里面没有能够吸引居民集中居住的产业存在；55%的受访者认为政府对城镇的规划不合理，不能吸引农村居民到城镇居住；17%的受访者认为是农村居民不愿去城镇就业所导致的。促进城镇化建设，实现产城融合是洪湖东分块蓄洪区目前迫切需要解决的问题（附图 1-3）。

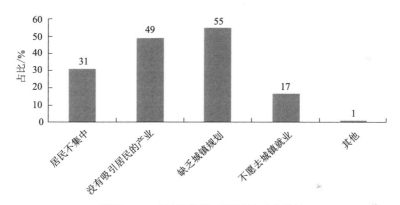

附图 1-3　对城镇化滞后原因的观点统计

4. 分蓄洪区的"帽子"严重影响了工业化的发展

自从洪湖分蓄洪区工程于 1972 年动工开始，洪湖市就戴上了分蓄洪区的"帽子"。但 2003 年后，国家停止了对其二期工程的投资计划。洪湖分蓄洪区工程经过一期、二期工程建设，虽已粗具规模，但仍不具备安全运用的条件。1998 年长江特大洪水后，根据《国务院批转水利部关于加强长江近期防洪建设若干意见的通知》（国发[1999]12 号）精神，湖北省选定在洪湖分蓄洪区东部建设洪湖东分块蓄洪区蓄洪工程。而分蓄洪区的"帽子"严重影响了当地经济的发展，招商引资困难，资金投入严重不足。调查结果显示，39%的受访者认为影响当地工业化发展的原因是戴着分蓄洪区的"帽子"；而持有"地方政府不重视，没有好的政策引导"看法的受访者占 38%；认为"外出打工人员过多，没有足够多的剩余劳动力"的受访者占 32%。由此可见，分蓄洪区的"帽子"对洪湖东分块蓄洪区经济发展的影响是非常严重的（附图1-4）。

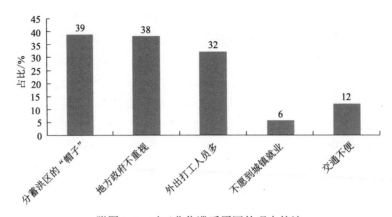

附图1-4　对工业化滞后原因的观点统计

5. 管理政策方面不到位

洪湖东分块蓄洪区的居民对政府管理职能的缺失颇有微词，这也就使地方政府职能部门和群众之间产生了矛盾。我们设计了一个题目就是对洪湖东分块蓄洪区的建设工程，是先建设"蓄洪工程"还是"安全建设工程"，有25%的受访者选择服从国家安排，并且从居民的反应来看也没有当时政府部门所担心的群众对工程建设的反感的问题。对于城镇化建设的滞后问题，55%的受访者认为政府对城镇的规划不合理，不能吸引农村居民到城镇居住；对于工业化滞后的原因持有"地方政府不重视，没有好的政策引导"看法的受访者占38%。所以，加强政府部门和居民之间的沟通对于建设洪湖东分块蓄洪区工程刻不容缓。

6. 生态环境越来越恶化，不利于农业生产和居民生活

目前，洪湖东分块蓄洪区的生态环境越来越恶化，不利于农业生产和居民生活，持有这种看法的受访者占59%。对于主要的污染，认为水污染严重的受访者占54%，居民一直在怀念20世纪80年代可以直接用河水、湖水作为生活用水，90年代还可以下河、下湖游泳的日子，现在却不敢捞河里的小鱼、小虾了；认为农田农药残留严重的受访者占36%，他们认为农产品对于人们的生命健康有重大的危害；认为江河湖泊中血吸虫泛滥的受访者占26%；认为在各种建设工程遗留的建筑垃圾污染的受访者占47%；认为空气条件变化，空气污染的受访者占25%。总之，洪湖东分块蓄洪区居民对目前生态环境不满意。洪湖市环保局的资料显示，目前洪湖东分块蓄洪区的工业污染源主要是位于洪湖市大沙湖管理区造纸新村的造纸企业，主要是对水的污染。因此，要求在以后的分蓄洪区的工程建设中注重对

环境的保护（附图 1-5）。

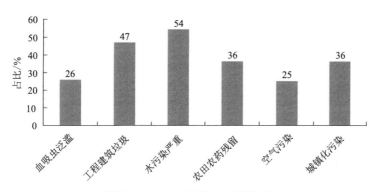

附图 1-5 生态环境突出问题统计

7. 典型的打工经济支撑

上文已经提到，由于本调查是在春节后的一段时间展开的，恰逢农村打工外出的高峰时期，所以调查的农户主要是在家从事农业的村民，没有调查到外出打工人员。所以我们采取了典型调查和重点调查的方式，主要是对新滩镇北岸村和东湖村调查。该村 45 岁以下的村民，除了村长、书记、教师、从事公共服务的人员（如村医）、学生等外，基本上都在外打工，家庭人口 4 人或者 3 人全家在外打工的现象非常普遍。当时只有 3 人没有外出，也就是说 45 岁以下的村民 90%左右都在外打工。面对一栋栋新修的住宅，村民介绍这些住宅大部分是外出打工人员回村修建的，靠农业收入修建住宅基本是很难实现的。引导外出打工人员回乡投资创业也可作为解决当地城镇化、工业化的一条思路。

8. 武汉市"后花园"的区位条件

武汉市到监利县的武监高速早已修到新滩镇，过去东荆河口的天堑再也不能阻挡洪湖东分块蓄洪区和武汉市的联系，洪湖东分块蓄洪区和武汉市之间就是一座桥的距离，从新滩镇到武汉市中心的距离也就只有不到 1 小时的车程。背靠大武汉，围绕武汉来发展当地的经济是一个不错的选择，武汉经济技术开发区与洪湖市合作共建新滩工业区就是一个完美的佐证。2015 年，武汉市把汉南区划归沌口后，洪湖东分块蓄洪区离武汉市中心城区越来越近。除了新滩工业区得益于区位优势得以发展外，考虑到洪湖东分块蓄洪区主要是以农业经济为主的现状，洪湖东分块蓄洪区利用其典型的"鱼米之乡"环境作为大武汉的"后花园"为其提供蔬菜、水产等农产品，发展"菜篮子"工程，也就具有得天独厚的区位优势。

附录二　洪湖东分块蓄洪区社会经济发展调查问卷

亲爱的朋友：

　　您好！国家计划启动洪湖东分块蓄洪区蓄洪工程建设，我们课题组想通过调查，了解当地居民对工程建设的态度和建议，弄清洪湖东分块蓄洪区经济、社会及生态环境建设存在的突出性问题。洪湖东分块蓄洪区蓄洪工程建设会对该地区经济、社会和环境产生影响，分析和研究解决这些问题和影响的办法和对策，可以促进洪湖东分块蓄洪区社会经济的良性发展。希望您能在百忙之中配合我们完成这份问卷，我们将不胜感激。

　　此次调查不会涉及您的隐私，请放心答题。对于您的信息，我们绝对保密。（注：若无特殊说明，答案均为单选，请在您认为符合您情况或者意愿的选项上打"√"。）

一、工程建设类

1. 您知道洪湖是分蓄洪区吗？（　　）

　　A. 知道　　　　B. 不知道

2. 国家规划对洪湖分蓄洪区实施分块建设，计划近期新建洪湖东分块蓄洪区蓄洪工程，您知道这一工程吗？（　　）

　　A. 知道　　　　　B. 不知道

3. 全国将蓄洪区分为重点蓄洪区、一般蓄洪区及保留蓄洪区，您知道洪湖东分块蓄洪区属于哪一类吗？（　　）

　　A. 重点蓄洪区　　B. 一般蓄洪区　　C. 保留蓄洪区　　D. 不清楚

4. 三峡大坝修建运行后，您认为是否还有修建洪湖东分块蓄洪区蓄洪工程的必要？（　　）

　　A. 有必要　　　　B. 没有必要　　　　C. 说不清楚

5. 洪湖东分块蓄洪区蓄洪工程，由"蓄洪工程"和"安全建设工程"两部分组成，您认为应该：（　　）

　　A. 先修建"蓄洪工程"，再修建"安全建设工程"

　　B. 先修建"安全建设工程"，再修建"蓄洪工程"

　　C. "蓄洪工程"和"安全建设工程"同时兴建

D. 服从国家安排

6.（多选）安全建设工程计划修建若干个安全区，您认为应该建哪几个安全区？（　　）

    A. 新滩   B. 大同   C. 大沙   D. 老湾   E. 黄家口

    F. 龙口   G. 唐咀   H. 燕窝   I. 其他

二、社会经济类

7.（多选）洪湖东分块蓄洪区蓄洪工程，由"蓄洪工程"和"安全建设工程"两部分组成，总投资近100亿元，您认为工程建设对地方经济的影响：（　　）

    A. 投资很大，会增加当地的就业机会，带动地方经济

    B. 会占用耕地，减少地方收入

    C. 破坏生态环境，给地方带来环境问题

    D. 虽然投资巨大但对地方经济拉动有限

    E. 其他

8.（非城镇居民回答）安全建设工程计划修建若干个安全区，加强区内城镇化建设，增加招商引资，加强医院、学校等配套设施，您对去安全区居住、就业的态度：（　　）

    A. 愿意去安全区居住、就业   B. 不愿意去安全区居住、就业

    C. 愿意去安全区就业不愿意去居住   D. 愿意去安全区居住不愿意去就业

    E. 无所谓

9. 洪湖新堤安全区围堤工程建设多年尚未完工，您认为对本地区的经济是否产生影响？（　　）

    A. 影响非常大   B. 影响大   C. 影响轻微   D. 无影响

10. 洪湖东分块蓄洪区工程修建完成后，您认为洪湖东分块蓄洪区工程的存在对地方经济的影响：（　　）

    A. 洪湖东分块蓄洪区工程只是一个"摆设"，对地方经济没影响

    B. 可以利用工程的设施建设（如公路、桥梁、涵闸、泵站等工程建设），促进地方经济的发展

    C. 以后对工程的不断维护，会影响地方经济的发展

    D. 其他

11.（多选）您对目前洪湖东分块蓄洪区农业发展情况的看法：（　　）

    A. 由于戴着分蓄洪区的"帽子"，不敢大量增加农业投入，导致农业收入低

    B. 农业水利基地建设滞后，不利于农业生产

    C. 防洪、排涝任务重，压力大，不利于农业生产

D. 蓄洪区内交通不便，不利于农产品销售

E. 农产品品种缺乏特色，缺少高利润的农产品

F. 农业发展很好，和其他周边地区没多大的差别

G. 其他

12. （多选）如要加强洪湖东分块蓄洪区农业增收，您有何建议：（　　）

A. 加大投入，增产增收

B. 发展特色农业（如潜江某乡镇种植中药材半夏、养殖龙虾等）

C. 农产品深加工，增加附加值

D. 发展生态农业，开发农业旅游

E. 其他

13. 您认为洪湖东分块蓄洪区的特色农业产业可以有哪些：（　　）

A. 中药材基地　　　　B. 绿色蔬菜基地　　　C. 高档水产品基地

D. 生态农业园　　　　E. 湿地公园　　　　　F. 其他

14. 您对洪湖东分块蓄洪区内城镇化建设的看法如何：（　　）

A. 严重滞后　　　　　B. 滞后　　　　　　　C. 正常发展

D. 发展得好　　　　　E. 发展得很好

15. （多选）您认为目前洪湖东分块蓄洪区内城镇化建设的原因有哪些：（　　）

A. 居民不集中　　　　B. 没有能吸引居民集中居住的产业

C. 缺乏城镇规划　　　D. 非城镇居民不愿生活在城镇

E. 其他

16. 对比于周边的县市您对本地工业化的看法：（　　）

A. 严重滞后　　　　　B. 滞后　　　　　　　C. 正常发展

D. 发展得好　　　　　E. 发展得很好

17. 您认为洪湖东分块蓄洪区工业化发展滞后的最重要的原因：（　　）

A. 由于戴着分蓄洪区的"帽子"，招商引资困难，资金投入不够

B. 地方政府不重视，没有好的政策引导

C. 外出打工人员过多，没有足够的剩余劳动力

D. 本地居民习惯农村生活，不愿去乡镇就业

E. 交通不便

F. 其他

18. （多选）您认为目前洪湖东分块蓄洪区迫切需要发展的服务业有哪些？（　　）

A. 医疗卫生　　　B. 教育　　　C. 商业　　　D. 餐饮

E. 旅游　　　　　F. 金融　　　G. 交通运输　　H. 其他

19. （多选）洪湖东分块蓄洪区工程建设过程中您认为能为工程建设提供哪些服务，从而增加自己的收入：（　　）
   A. 为工程建设提供劳动服务　　　　　B. 为工程建设提供餐饮服务
   C. 为工程建设提供蔬菜等食品服务　　D. 为工程建设提供住宿服务
   E. 其他

20. （多选）您认为洪湖东分块蓄洪区蓄洪工程完成后对本地区服务业有哪些影响？（　　）
   A. 发展堤防旅游，增加就业与居民收入
   B. 城镇化建设带来的商业、物流的发展
   C. 医疗卫生行业的发展
   D. 教育基础得以提高
   E. 其他

三、生态环境类

21. 您对目前洪湖东分块蓄洪区生态环境的看法：（　　）
   A. 生态环境越来越恶化，不利于农业生产和居民生活
   B. 生态环境没什么变化
   C. 生态环境比前几年有所改善

22. 您认为目前洪湖东分块蓄洪区生态环境中存在的最突出问题：（　　）
   A. 江河、湖泊中的血吸虫泛滥　　　　B. 工程建设后存在建筑垃圾
   C. 水污染严重　　　　　　　　　　　D. 农田农药残留严重
   E. 空气污染　　　　　　　　　　　　F. 其他

23. （多选）洪湖东分块蓄洪区工程建设完成会对生态环境产生哪些影响？（　　）
   A. 江河、湖泊中的血吸虫更加泛滥　B. 工程建设后存在建筑垃圾更多
   C. 水污染严重　　　　　　　　　　　D. 农田农药残留严重
   E. 空气污染　　　　　　　　　　　　F. 城镇化工业污染增加
   G. 其他

四、法律政策类

24. （多选）拟建洪湖东分块蓄洪区蓄洪工程是在国家的相应法律法规基础上进行的，您了解如下的哪些法律法规：（　　）
   A. 《国务院批转水利部关于加强长江近期防洪建设若干意见的通知》（国发

[1999]12 号）

B. 《国务院办公厅转发水利部等部门关于加强蓄滞洪区建设与管理若干意见的通知》（国办发[2006]45 号）

C. 《国务院关于长江流域防洪规划的批复》（国函[2008]62 号）

D. 《关于印发全国分蓄洪区建设与管理规划的通知》（水规计[2009]649 号）

E. 《国务院关于全国分蓄洪区建设与管理规划的批复》（国函[2009]134 号）

F. 《关于长江洪水调度方案的批复》（国汛[2011]22 号）

G. 《国家发展改革委关于湖北省洪湖东分块蓄洪区蓄洪工程项目建议书的批复》（发改农经[2009]2794 号）

H. 《湖北省分洪区安全建设与管理条例》

25. 您认为国家是否应该对洪湖东分块蓄洪区给予经济补偿：（　　）

A. 是　　　　　　B. 否

26. 洪湖东分块蓄洪区的建设是国家战略，主要是为了保护江汉平原和武汉，那么作为受益区的江汉平原特别是武汉市是否应该给牺牲自己做出贡献的洪湖东分块蓄洪区给予经济补偿？（　　）

A. 是　　　　　　B. 否

27. 国家、受益区对洪湖东分块蓄洪区具体的补偿方式，您认为最好的是：（　　）

A. 把洪湖市规划到武汉市城市圈

B. 由武汉市政府出台相关政策（如税收优惠）引导武汉市企业来洪湖市分蓄洪区投资，从而加速蓄洪区的工业化、城镇化

C. 建立分蓄洪区财政转移制度，中央、湖北省加大向分蓄洪区专项转移，用于分蓄洪区的经济建设

D. 对分蓄洪区企业、居民实行财产保险机制，由国家和受益区共同对分蓄洪区的财产投保

E. 对分蓄洪区内企业进行税收减免返还给地方发展经济

F. 其他

28. 为促进洪湖东分块蓄洪区工业化发展，您认为应该从哪些方面加强：＿＿＿＿＿＿

＿＿＿＿＿＿＿＿＿＿＿＿＿＿＿＿＿＿＿＿＿＿＿＿＿＿＿＿＿＿＿＿＿＿

＿＿＿＿＿＿＿＿＿＿＿＿＿＿＿＿＿＿＿＿＿＿＿＿＿＿＿＿＿＿＿＿＿＿

为方便分析问卷，请留下您的基本信息：

1. 您的性别：（　　）

A. 男　　　　　　B. 女

2. 您的年龄段：（　　）

    A. 22 岁以下　　　B. 22～35 岁　　　　　C. 35～50 岁

    D. 51～65 岁　　　E. 65 岁以上

3.您的职业：（　　）

    A. 农民　　　　　B. 个体工商户、企业家　　C. 公务员

    D. 学生　　　　　E. 企事业单位员工　　　F. 工人

    G. 其他

4. 您现在的居住地：（　　）

    A. 新堤　　　　　B. 乡镇　　　　　　　C. 乡村

5. 您的家庭主要收入来源：（　　）

    A. 粮食　　　　　B. 棉花　　　　　C. 水产　　　　D. 蔬菜

    E. 莲藕　　　　　F. 打工　　　　　G. 其他

6. 您的家庭人均年收入：（　　）

    A. 3000 元以下　　　　B. 3000～5000 元　　C. 5000～10 000 元

    D. 10 000～20 000 元　　E. 20 000 以上

7. 您的家庭人口数：＿＿＿＿＿＿＿人，在外打工：＿＿＿＿＿＿＿人。

谢谢您的合作！

　　《国务院批转水利部关于加强长江近期防洪建设若干意见的通知》（国发
[1999]12 号）决定在湖北、湖南两省各安排 50 亿 m^3 的分蓄洪区，其中洪湖分蓄
洪区划出一块先行建设（洪湖东分块蓄洪区蓄洪工程），由此可大大缓解城陵矶
附近地区的防洪紧张局势，确保武汉市、荆江大堤的防洪安全。洪湖东分块蓄洪
区蓄洪工程位于洪湖分蓄洪区的东部，总面积 883.62km^2，有效容积 61.86 亿 m^3。
实施洪湖东分块蓄洪区蓄洪工程对提高长江中下游地区防洪能力和防洪调度的灵
活性、保障流域防洪安全、促进保护区的经济社会发展都有十分重要的作用。

　　多年来，洪湖分蓄洪区的工程建设与区内经济和社会发展相互影响和制约。
一方面，洪湖分蓄洪区的功能定位，使当地戴上了分蓄洪区的"帽子"，牺牲了
发展机会，保障了其他地区的发展，与此同时，蓄洪工程建设的严重滞后，影响
了投资者的信心，阻碍了当地经济发展，多年来，洪湖分蓄洪区经济社会发展明
显落后相邻的其他区域。另一方面，区内经济发展缓慢，地方财政实力逐渐趋弱，
农户居住分散，城镇功能不足，政策缺失，"三农"建设动力不足，致使分蓄洪
工程建设工作推进艰难，停滞不前。

　　面对蓄洪工程建设的推进和区内经济社会的发展相互制约和影响的难题，在
荆州市水利局、洪湖市地方政府、湖北省洪湖蓄洪工程管理局的指导下，湖北工
业大学于 2014 年 12 月成立课题小组对这一问题进行专门研究和探讨，并出版《洪
湖东分块蓄洪区经济社会发展政策研究》一书，初步解答如何破解洪湖东分块蓄
洪区内经济发展的突出问题；如何利用洪湖地区的区位优势和国家现有相关政策，
在蓄洪功能定位的发展约束下，抢抓工程建设的机遇，推动区内基础设施建设，
为区内经济发展提供支撑，实现当地新型城镇化、工业化、农业现代化、信息化
与绿色化等"五化"同步发展的问题；如何破解蓄洪工程建设停滞不前的难点问
题；如何加强洪湖东分块蓄洪区蓄洪工程建设与管理力度，提升民众对蓄洪工程
重要性的理解和认识度，从而使各界民众积极支持推动分蓄洪工程建设，提升和
加快各级政府对蓄洪工程的决策力度的问题。我们旨在通过本书的编写，促进全
体建设和发展者深入思考、提升能力，为今后推进全国分蓄洪区经济社会发展提

供宝贵的建议。

整个编著工作历经篇目设定、初稿拟定、分纂修稿、合成统稿、最终审定等五个阶段,历时近 2 年。期间,课题组先后赴洪湖市内开展了工程建设和经济社会发展专题调研,前往安徽省阜南县蒙洼蓄洪区与河南省漯河市泥河洼滞洪区进行交流学习,多次邀请国家防汛抗旱总指挥部、湖北省水利厅、湖北省水利水电规划勘测设计院、荆州市水利局、洪湖市人民政府、洪湖市人大等机构的专家和学者对生态文明建设、"十三五"经济社会发展要求、大型水利工程建设制度等方面的发展趋势开展专题讲座和研讨会,组织相关人员开展如何处理工程建设和经济社会发展关系的相关问题研究,发表相应的学术论文,为编著本书提供了依据。

本书设七个章节,在分析洪湖东分块蓄洪区经济社会发展面临的新形势和新要求的背景下,充分考虑分蓄洪区建设和发展的特殊性和复杂性,从外部性理论视角出发,通过质性资料分析,挖掘洪湖东分块蓄洪区建设和发展存在的问题、成因和机遇,在总结国内外分蓄洪区建设和发展经验的基础上,明确推进洪湖东分块蓄洪区蓄洪工程与"五化"同步建设的政策目标、政策主体和政策导向,提出了工程协同"五化"的推进政策和"五大"扶持政策。

在本书编写过程中,国家防汛抗旱总指挥部王翔副主任,湖北省洪湖蓄洪工程管理局饶大志、常伦新、陈鸿遵、朱毅,洪湖东分块蓄洪区工程管理局协调办廖作金等同志为本书提出了很多的宝贵意见;湖北省人力资源和社会保障厅、湖北工业大学的领导也给予了大力支持,在此一并致谢。

囿于著者水平有限,不足之处在所难免,敬请读者提出宝贵批评意见。

彭贤则

2016 年 10 月